네가 만일 헛된 것을 버리고 귀한 것을 말한다면

너는 나의 입이 될 것이라

예레미야 15:19

Thus Saith the Lord

Copyright ⓒ 1999, by John Bevere and Messenger International
www.MessengerInternational.org
Originally published in English under the title '*Thus Saith the Lord*'
by Charisma Media/Charisma House Book Group, 600 Rinehart Road, Lake Mary,
Florida 32746 U.S.A
All rights reserved.

이 책의 한국어판 저작권은 Messenger International과 독점계약한 〈터치북스〉에 있습니다.
신저작권법에 의하여 한국 내에서 보호를 받는 저작물이므로 무단전재와 복제를 금합니다.

Korean Translation rights ⓒ 2012.
All rights reserved.

하나님 말씀의 통로로 살아가는 법

존 비비어의
음성

존 비비어

John Bevere

터치북스

감 사 의 글

정말 깊이 감사드려야 할 사람들이 있습니다.

내 아내, 리사. 당신은 주님 다음으로 가장 친밀한 친구이며, 사랑하는 사람입니다. 이 책을 위해 많은 시간 함께하며 편집을 도와준 것, 고맙습니다. 사랑해요!

우리 네 아들, 애디슨, 오스틴, 알렉산더, 아르덴. 너희 모두는 내 인생의 큰 기쁨이란다. 한 사람 한 사람이 내게는 너무나 소중하지. 하나님의 부르심에 대해서 너희들의 생각을 나누어 준 것과 선교여행을 다니면서도 글을 쓸 수 있도록 이해해 준 것에 대해 고마운 마음을 전한다.

로란 존슨. 우리 가족과 사역을 위해 사랑과 친절, 그리고 지혜를 아낌없이 나누어 준 것에 대해 정말 고맙게 생각합니다. 당신은 진정한 나의 친구이자 주님의 제자입니다.

알 브리스 목사님. 목사님은 지난 수년간의 교제를 통해 우리 부부의 연약함을 목격하고, 또 단점을 다 보셨으면서도, 우리를 더욱 사랑해 주셨습니다. 당신은 주님 안에서 진정한 형제요, 목회자로서 우리의 본이 됩니다.

〈존 비비어 미니스트리〉의 동역자들. 여러분의 변함없는 지지와 신실함에 감사드립니다. 리사와 저는 여러분 한 사람 한 사람을 사랑합니다.

데이비드와 팸 그레이엄. 우리 유럽 지부의 사역을 변함없이 성실하게 도와주심을 감사드립니다.

로리와 웬디 알렉. 하나님께서 우리 마음에 심으신 말씀을 믿어 준 것을 감사합니다. 여러분의 우정은 너무나 소중합니다.

데보라와 바버라. 이 책을 만들면서 보여 준 뛰어난 편집 능력에 감사합니다. 그렇지만 무엇보다도 여러분의 격려와 지지에 대해 더욱 감사합니다.

   나의 진정한 감사를 받으실 가장 중요한 분, 나의 주님.

   주님, 나와 당신의 백성을 위해 당신께서 하신 일에 대해 어떻게 감사를 다 표현할 수 있을까요? 나의 언어로 표현할 수 있는 것 이상으로 당신을 더욱 사랑합니다.

   영원히 주님을 사랑합니다!

| 프롤로그 |

　성령께서는 이 시대에 예언 사역을 회복시키시는 중이다. 교회 안에서 성령 세례와 영적 은사들^{Charismata}, 그리고 치유의 진리가 회복되고 있는 것처럼 예언 사역에 해당되는 "사도, 복음 전하는 자, 목사, 교사, 선지자"라는 다섯 가지 사역 역시 회복되었다.
　그러나 교회 안에 좋은 것이 회복될 때는 하나님의 뜻을 오해하며 극단으로 치우치는 사람들도 나오기 마련이다. 그리고 그 과정에서 사람들은 상처를 입고, 너무도 큰 타격을 받은 나머지, 쓴 뿌리가 남고 심지어는 믿음을 등지기도 한다.
　예를 들어 치유를 간절히 바라는 사람이 있다. 치유를 믿고 열심히 기도했지만 치유받지 못한다면, 그 사람은 환멸을 느끼며 절망에 빠진다. 또, 목회 사역을 존중하고 그 권위에 복종하는 사람이 있다. 그런데 그가 어떤 식으로든 목사에게 학대를 당한다면, 마음을 닫고 교회를 떠날 것이다. 그리고 다시는 목회자를 신뢰하지 못하게 된다.

마찬가지로 예언 사역의 회복에 있어서도 그 의미가 곡해되거나 남용될 위험이 크다. 많은 그리스도인은 예언의 은사가 오늘날에도 꼭 필요하다는 것을 인정하지 않고 있으며, 하나님께서 여전히 '선지자'를 통해 그분의 백성에게 말씀하신다는 사실을 쉬 믿으려 하지 않는다. 이런 장애물을 극복하고 오늘날에도 예언이 필요하다고 인정하게 됐을지라도 여전히 잘못된 예언(하는 사람들)에 속거나 실망에 빠질 위험이 있다. 반대로 어떤 이들은 그렇게 예언의 은사를 받은 사람들을 '추종'하기 시작한다. 심지어 그리스도보다 더 말이다.

나는 개인적으로 예언 사역을 통해 많은 복을 받았고 또한 그것이 교회의 합당한 사역이라고 믿지만, 그것을 남용하는 사례가 점점 많아지면서 부쩍 신경이 쓰인다. 최근 〈카리스마 Charisma〉 지는 일정한 기부금을 받고 예언을 '파는' 일에 대해 심층 취재를 했다. 기부금이 클수록 더 '심오한' 예언을 받을 수 있었다. 또 한번은 유명한 방송 사역에서 수백만 달러를 모금한 적이 있었는데, 방송을 보고 기부한 사람들에게 출연진이 '말씀'을 주는 방식이었다.

이런 문제에 대해 어떻게 대처해야 할까?

나는 하나님께서 그리스도의 몸 된 교회 안에서 문제가 생길 때에 경종을 울리는 사람들을 세우셨다고 믿는다. 나의 오랜 멘토였던 고(故) 제이미 버킹엄이 그런 사람이었다. 1970년대에 제자도 운동Discipleship movement이 오류에 빠졌을 때, 그는 여러 논문과 저서를 통해 담대히 진리를 선포함으로써 그 오류를 지적했다.

우리 몸에 있는 혈액 속의 백혈구가 병균을 물리치는 것처럼 그리스도의 몸 된 교회에도 우리가 순수한 복음에서 벗어났다는 사실을 지적해 주며, 좁고 협착한 길을 통해 그리스도께로 되돌아가게 해 주는 믿음의 사람들이 필요하다.

나는 존 비비어가 그런 사람이라고 믿는다. 지난 수년 동안 하나님은 그를 세우셔서 잘못을 깨닫지 못하는 교회를 일깨우셨고, 교회로 하여금 주님을 경외하는 것이 무엇인지를 새로이 알게 하셨다.

이제 존 비비어는 새 책을 쓰는 중이다. 그는 이 책이 자신의 가장 중요한 책 가운데 하나가 될 것이라고 믿고 있다. 그는 예언의 은사를 받은 이들이 오류를 범할 때 어떤 폐해가 있는지 잘 이해하고 있으며, 또한 일부 그리스도인들이 듣기 좋은 말만 골라 예언을 하는 행동에 대해서도 그 위험을 충분히 인지하고 있다. 습관적으로 "하나님이 이렇게 말씀하셨습니다."고 말하지만 대부분은 그저 개인적인 의견일 뿐이라는 것이다.

존 비비어는 스스로를 선지자로 내세우지 않는다. 그리스도의 몸 된 교회에서도 그런 역할로 알려져 있지 않다. 그렇지만 나는 그가 선지자라고 믿는다. 그의 별명인 세례 요한처럼 그는 광야에서 외치는 소리인 것이다.

존은 이 책을 통해 경종을 울리고 있다. 그는 무엇이 참된 예언이며 거짓 예언인지를 분별하기 위해 성경으로 돌아간다. 다른 사람을 비난하지 않고 사랑의 마음으로 기술하고 있다. 세우기보다는 허물기 위해 무자비하고 증오로 가득한, 비판을 일삼는 일부 비판가들과는 사뭇 다르다.

복음을 전하는 자가 하나님의 백성을 회개로 인도해야 한다는 중요한 임무를 잊어버릴 수 있고, 목사가 양떼를 치유하기보다는 오히려 상처를 줄 수도 있는 것처럼, 선지자도 때때로 해서는 안 될 해악을 사람들의 삶에 끼칠 때가 있다.

나는 예언의 은사를 받은 분들, 저명한 사역자들로부터 지역 교회에서 예언 사역을 시작한 이름 없는 그리스도인들에 이르기까지 모든 이가 이 책을 주의 깊게 읽어 볼 것을 권한다. 이 책을 읽으면서 성경 말씀을 주의 깊게 살펴보는 것은 물론, 하나님의 말씀과 자신의 사역이 정확히 일치하는지를 점검해 보아야 할 것이다.

콜로라도 주, 뉴라이프 교회의 테드 해거드 목사는 〈미니스트리스 투데이 Ministries Today〉의 최근호에서 이렇게 이야기한 바 있다.

나는 거짓 예언이 주님의 이름을 잘못 사용하는 것이라고 결론 내렸다. 그것은 제3계명을 범하는 것이다. 또한 인간의 연약한 자아는 자신을 하나님의 대변자로 주장하지 않도록 충분한 주의를 받아야 한다. 성경은 예언이 진정 하나님으로부터 나온 것인지 잘 분별하라고 말씀하신다 요일 4:1.

그리고 예언에는 다음과 같이 세 가지 유형이 있다고 소개했다.

1. "주께서 이같이 말씀하시되(Thus saith the Lord)"

이것은 최고 수준의 예언이다. 믿는 사람이 하나님을 위해 직접 말한다고 주장하는 형태다. 이런 유형의 예언은 백퍼센트 맞든지, 백퍼센트 틀리든지 둘 중의 하나. 이런 유형의 예언을 한다는 것은 다른 의견이나 반대의 여지가 있을 수 없음을 뜻한다. 주님께서 말씀하셨기 때문에 논란의 여지가 있을 수 없다.

2. "성령과 우리는…옳은 줄 알았노니(For it seemed good to the Holy Spirit and to us)" 행 15:28

이 유형의 예언은 하나님의 뜻에 대한 전반적인 공감대가 형성되어 있다는 것을 뜻한다. 백퍼센트 정확할 수도 있고 그렇지 않을 수도 있지만, 최선의 판단으로는 어느 특정 사안에 대해서 이것이 하나님의 뜻이라고 믿는다는 것을 의미한다.

3. "이것은 당신에게 어떤 의미인가요?" 또는 "이것에 대해서 어떻게 생각하십니까?"

이 유형은 우리가 사람들을 위해 기도할 때, 어떤 말씀이나 생각이 떠오르면 그들의 삶 속에서 어떤 일을 하시는지 하나님께 여쭈어 보는 수준이다. 때때로 주님은 우리에게 예언의 말씀을 통해 중보하게 하신다. 또한 이것은 지식의 말씀이나 지혜의 말씀고전 12:8으로 불릴 수도 있다. 이런 유형의 예언은 권위를 주장하지 않는다.

테드 목사는 이렇게 글을 마무리한다.

이 세 가지 유형의 예언을 이해하게 되었을 때 비로소 나는 그리스도의 몸 된 교회 안에는 다양한 예언적 기능이 있음을 더욱 인정하게 되었다. 우리 교회가 살아 움직이는 데 꼭 필요한 주님의 예언적 기능을 놓친다면, 주님의 가장 큰 선물 가운데 하나를 경험하지 못하는 것이며, 이는 곧 우리 교회를 약하게 만드는 불필요한 결과를 낳는다.

나는 그의 말에 전적으로 동의한다.
우리의 교회 안에 이방 종교나 거짓 종교가 슬그머니 끼어드는 것을 결코 용납할 수 없는 것처럼, 그리고 하나님의 말씀과 맞지 않는 자유주의 신학을 받아들이지 않는 것처럼, 이 예언 사역이 과연 하나님의 말씀과 일치하는지에 대해 면밀히 살펴야 한다.

　나는 존 비비어가 교회를 위한 말씀을 받았다고 믿는다. 그는 이 말씀을 강력하고 열정적으로 풀어 놓고 있다. 나는 이 원고 전체를 꼼꼼히 읽어 보았다. 왜냐하면 그 메시지가 너무나 중요하며, 그리스도인 지도자들과 평신도들 모두 그것을 이해하고, 마음에 새겨야 한다고 믿기 때문이다.

스티븐 스트랭, 〈카리스마〉 발행인

contents

감사의 글
프롤로그

chapter. 1 예언 사역의 필요성 21

"하나님이 어떤 사람을 통해 우리에게 말씀하실 때,
그것이 하나님의 말씀인지를 어떻게 알 수 있는가?"

chapter. 2 만연한 유혹 33

가르침은 우리를 세워 주는 반면, 경고는 우리를 지켜 준다.
만약 가르침만 받고 경고를 무시한다면,
우리는 가르침받은 것을 다 잃어버릴 수도 있다.

chapter. 3 참된 예언 사역 I 45

선지자는 다른 사람을 위해서 말하는 사람 또는
다른 사람을 위해 목소리를 빌려 주는 사람이다.
선지자를 '미래를 예언하는 사람'으로 생각하는 것은 잘못이다.

chapter. 4 참된 예언 사역 II 61

사람들이 들어야 할 말씀 대신에 그들이 듣고 싶어 하는 것을 들려주면
교회는 약해진다. 그렇게 되면 사람들은 은사와 그 나타나는 현상들에
마음을 쏟게 되면서 하나님의 성품대로 살아가는 삶은 점점 외면해 버린다.

chapter. 5 **예언의 오염** 75

우리에게는 자기가 듣고 '싶은' 말이 아니라 '들어야만' 하는
하나님의 말씀을 그대로 들을 귀가 필요하다.

chapter. 6 **개인적 예언** 95

신약에서 누군가 개인적인 예언을 하는 경우는,
정도를 벗어난 사람을 교정하기 위한 경우가 많다.
또는 예언의 말씀을 통해 다가올 어려움과 싸움을 대비해 힘을 북돋우려는 것이다.

chapter. 7 **마음의 우상에 속지 말라** 113

"여호와께서 살아 계심을 두고 맹세하노니
내 하나님께서 말씀하시는 것 곧 그것을 내가 말하리라."
하나님 아버지여, 오늘날에도 꼭 이렇게 대언하는 선지자를 보내 주소서!

chapter. 8 **믿음을 파괴하는 거짓 예언** 139

"너희에게 예언하는 선지자들의 말을 듣지 말라
그들은 너희에게 헛된 것을 가르치나니 그들이 말한 묵시는 자기 마음으로
말미암은 것이요 여호와의 입에서 나온 것이 아니니라."

chapter. 9   내 백성에게 패역을 가르쳤다   157

> 하나님이 주시지는 않았지만,
> 우리 마음에 드는 말을 용납하고 받아들이면
> 우리의 삶은 미혹과 멸망에 빠진다.

chapter. 10   이세벨의 작전   173

> "너는 이 책을 쓰면서 저항을 받게 될 것이다.
> 이 책은 원수가 나의 교회 안으로 침투해 들어오는
> 주요한 경로를 드러내기 때문이다."

chapter. 11   스스로를 임명한 사람들   185

> 모세는 자기 힘으로 애쓰는 것이 허망하다는 사실을 일찌감치 깨달은 사람이다.
> 40년의 광야 기간으로 그는 하나님의 부르심을 앞서 가지 않는 지혜를 얻었다.

chapter. 12   이세벨의 속임수   201

> 깊은 영감을 받았다 해서 자기를 높이는 근거가 될 수는 없다.
> 하나님이 주시는 권위가 없으면,
> 여러분은 미혹을 통해 잘못된 권위를 행사할 수밖에 없다.

chapter. 13　**열매로 선지자를 분별하라**　217

　　거짓 선지자는 하나님께서 맡기신 은사를 이용해서
　　사람들을 자기에게로 이끈다.

chapter. 14　**진리의 사랑**　245

　　진리의 사랑은 우리의 분별력을 날카롭게 하고,
　　우리가 죄에 빠지지 않도록 지켜 준다.
　　진리의 사랑을 받은 사람들은 결코 예언과 같은 은사를
　　하나님의 지혜보다 더 앞세우지 않을 것이다.

chapter. 15　**개인 예언은 이렇게 시험해 보라**　259

　　만약 하나님의 말씀을 거스르는 어려움이 닥치면,
　　우리는 기도와 순종으로 그것을 다루면 된다.
　　그러나 우리가 스스로 약속의 예언을 성취하려고 해서는 안 된다.

　　에필로그

"하나님이 어떤 사람을 통해 우리에게 말씀하실 때,
그것이 하나님의 말씀인지를 어떻게 알 수 있는가?"

chapter.1
예언 사역의 필요성

하나님의 음성 듣기

믿는 사람에게 이것은 가장 큰 특권이자 깊은 갈망이다. 광야 길을 걸었던 구약 시대 족장들도 모두 애타게 이것을 찾았다. 신약의 성도들도 너 나 할 것 없이 하나님 음성을 듣고 싶어 한다. 우리 안에는 이처럼 주님의 음성을 듣고 그것을 분별하고 싶은 거룩한 갈망이 숨어 있다.

주님의 발치에 앉아서 그분의 말씀을 배우는 것은 너무나 영광스러운 일이다. 그것은 정말 놀라운 보화다. 우리는 시간을 내어 말씀을 읽고, 그분의 나지막한 목소리에 조용히 귀 기울인다. 이런 사귐은 우리의 필요를 채우고, 보호하며, 새롭게 해 주는 언덕과도 같다. 결혼 생활과 마찬가지로, 그 안에는 친밀한 즐거움과 비밀스러운 열망, 말로 다 표현 못하는 사랑이 있다. 매우 특별하고 섬세한 이 관계를 우리는 잘 가꾸고 지켜 내야 한다.

하나님은 무척 다양한 방법으로 자녀들에게 말씀하신다. 그중에서도 직접 말씀하시는 것을 가장 좋아하신다. 바로 이를 위해 자신의 아들을 우리에게 보내셨고, 사람과 하나님 사이를 갈라놓았던 휘장을 찢으셨기 때문이다. 하지만 이 책은 주제를 보다 한정하여 다룰 것이다.

"하나님이 누군가를 통해 우리에게 말씀하실 때, 그것이 하나님의 말씀인지를 어떻게 알 수 있는가?"

하나님과 우리의 관계에 있어서도 이러한 분별은 꼭 필요하다. 선지자는 하나님의 대변인이다. 예언의 말씀을 전할 때는 하나님의 영감으로 말하는 것이다. 그들은 개인과 공동체, 나라와 세대를 향해 하나님의 메시지를 전달한다. 그 종류와 목적은 다양하지만 이것 하나만큼은 분명하다.

"하나님의 메시지를 들은 사람은 그 마음과 길을 하나님께 돌이켜야 한다."

하나님이 보내신 사자는 그를 보내신 하나님께 충실할 때에만 가치가 있다. 자신을 드러내거나 자기 의견을 드러내는 자는 선지자가 아니다. 오직 하나님의 말씀만을 대변해야 한다. 베드로는 우리에게 엄중히 권한다. "만일 누가 말하려면 하나님의 말씀을 하는 것

같이 하고 벧전 4:11." 하나님은 연약한 우리에게 자신의 귀중한 목소리를 맡기시고, 우리를 통해서 다른 이에게 말씀을 전하신다!

나의 갈 길을 직접 말씀하시다

나는 이러한 직접 예언의 말씀을 많이 들으며 성장했다. 이런 방식으로 하나님의 말씀을 처음 들었던 때는 1980년도였다. 당시, 나는 퍼듀대학에서 기계 공학을 공부하고 있었다. 그때로부터 2년 전쯤에 구원을 받았고, 곧이어 사역에 대한 강한 열망이 마음속에서 솟아오를 무렵이었다. 부모님은 가톨릭 신자였기 때문에 내 뜻을 쉽게 받아들이지 않으셨다. 부모님과 갈등을 겪으면서 나는 정서적으로 큰 시련을 겪었다. 부모님을 존경했지만 점점 커져 가는 하나님의 부르심을 외면할 수는 없었.

그러던 어느 날, 나는 인디애나 주 인디애나폴리스에서 열린 대규모 집회에 참석했다. 참석자 수는 대략 6~7천 명 정도였다. 유명한 목사가 훌륭한 메시지로 설교를 마무리한 후였다. 그는 이 자리에 있는 두 명에게 하나님이 '각각' 말씀을 주셨다고 했다.

첫 번째 말씀은 한 침례교 목회자를 위한 것이었다.

그리고 두 번째 말씀의 대상자는 바로 나였다. 그분은 이렇게 말했다.

"오늘 밤 이곳에 한 젊은 청년이 있습니다. 아래층 제일 뒤편에 앉아 있습니다[내 위치였다]. 당신은 하나님으로부터 사역의 부르심을 받았는지에 대해서 확신하지 못한 채 오락가락하고 있습니다. 하루는 하나님의 부르심을 받았다고 생각합니다. 그다음 날에는 정말로 부르심을 받았는지 의심합니다. 그러나 하나님은 분명히 당신을 전임 사역자로 부르셨습니다. 또한 놀라운 방법으로 사용할 것이라고 말씀하십니다."

나는 그 말이 하나님께서 내게 직접 주시는 말씀임을 확신할 수 있었다. 말씀을 듣는 동안 하나님의 평안과 임재가 내 마음을 가득 채웠기 때문이다. 이처럼 강력한 증거가 어디 있겠는가.

마치 그 말씀 한마디 한마디가 나의 일부가 된 듯한 느낌이 들면서, 내 영혼을 짓누르던 짐이 사라졌음을 깨달았다. 그다음 날, 이루 말할 수 없는 기쁨을 느꼈고 문제가 해결되었음을 알았다. 더 이상 두 마음으로 괴로워하지 않아도 되었다. 이후에 나는 기계 공학 학위를 받았고, 1983년 여름경에는 전임 사역을 시작했다. 대규모 집회에서 들었던 목사님의 말씀은 내 삶에 대한 하나님의 부르심을 확신하는 결정적인 계기가 되었다.

육체로 시작하는가, 성령으로 시작하는가

성경은 교회가 주님의 재림을 준비하는 과정에서 가장 중요한 것이 예언 사역이라고 말한다. 예를 들어, 베드로는 요엘 선지자의 말을 인용하면서 자녀들, 남종들과 여종들이 예언할 것이라고 말했다 행 2:16-18; 욜 2:28-31. 우리의 원수도 이 사실을 잘 알고 있다. 그는 예언 사역을 절름발이로 만들거나 왜곡시켜서 영향력이 제대로 발휘되지 못하게 만들려고 한다. 교회가 육체로 남기를 원하며, 그렇게 되면 귀한 것과 헛된 것이 섞이게 된다 렘 15:19.

현재 일어나는 많은 예언 사역에 적용 가능한 성경적인 패턴이 있다. 대개 이스마엘이 이삭보다 먼저 나타나는 법이다. 성령님만 하실 수 있는 일을 육체가 대신 하려는 것이다. 아브라함은 75세에 아들을 갖게 되리라는 약속을 받았다. 그 후 11년을 기다린 후에도 아들 소식이 없자, 그와 그의 아내는 한 가지 궁리를 짜낸다. 사라의 여종인 하갈을 아브라함이 취하고, 마침내 이스마엘이라는 아들을 얻게 된다.

하나님이 이것을 허락하신 이유는 무엇일까? 이런 뜻이 있으신 것은 아닐까? '너희들이 육체를 통해 내 약속을 이룰 수 있다고 생각하는구나. 그렇다면 아브라함의 생식 능력이 완전히 없어질 때까지 기다려 주마. 그다음에 내가 직접 약속한 아들을 줄 것이다.'

왜냐하면 하나님은 육체가 영광을 얻는 것을 허락하지 않으시기 때문이다. 그로부터 13년이 더 흘렀고, 그들 부부는 둘 다 생식 능력이 사라져 마치 죽은 자처럼 되었다 롬 4:19.

그다음에 사라는 기적적으로 임신을 하게 되고, 마침내 이삭을 낳는다. 이 사건에 관해 바울은 갈라디아서 4장 23절을 통해 이렇게 말한다.

여종에게서는 육체를 따라 났고 자유 있는 여자에게서는 약속으로 말미암았느니라. _개역 개정

여종에게서 난 아들은 하나님의 약속을 성취하려는 인간적인 노력으로 태어난 것이었다. 그러나 자유하는 아내에게서 태어난 아들은 하나님께서 자신의 약속을 스스로 성취하신 것이다. _NLT, 역자 번역

하나님은 예수께서 다시 오시기 전에 예언 사역을 완전히 다시 회복하겠다고 약속하셨다 행 3:20-21. 교회 안에는 이에 대한 기대감이 있다. 하지만 이에 못지않게 하나님의 약속을 육체로 이루려는 시도도 많이 목격된다.

하나님 아버지의 뜻으로 태어난 예언 사역이 있는가 하면, 육체와 사람의 뜻으로 태어난 예언 사역도 있다. 무엇이 다른가? 둘 다 하나님의 계획과 약속을 성취하려는 갈망으로 잉태되었지만, 육체로 태어난 사역은 육체로 유지되고, 성령으로 태어난 사역은 성령이 공급하시는 힘으로 유지된다. 육체는 육체를 낳기 때문에 사람의 욕구에 호소한다. 반면 성령은 영을 낳기 때문에 하나님의 갈망에 대해 이야기한다.

이 책의 목적은 그 목소리를 분별하는 법을 알려 주는 것이다. 육체의 말은 듣기에는 좋을지 몰라도 우리를 더러움과 파괴와 죽음으로까지 몰고 간다. 그러나 성령님의 말씀은, 처음에는 듣기 싫을지라도 우리를 하나님의 마음으로 인도할 것이다.

모든 예언을 분별하라

나는 지난 20년간 "주님이 이렇게 말씀하셨습니다…"라고 시작하는 말을 수없이 들었다. 하지만 그중에서 진짜로 밝혀진 것은 한 손에 꼽을 정도다. 내가 들었던 것을 고스란히 마음에 담아 두려 했다면, 지금쯤 혼란에 빠져 방황하다가 하나님의 뜻에서 멀어졌을지도 모른다. 신약 성경은 우리에게 이렇게 권면한다.

> 성령을 소멸하지 말며 예언을 멸시하지 말고 범사에 헤아려 좋은 것을 취하고. _개역 개정

> [성]령을 소멸하지(억누르거나 억압하지) 말고, 선지자들의 은사와 말을 경멸하지 말라. [예언의 계시를 평가 절하하지 말고, 영감의 교훈이나 권면과 경고를 멸시하지 말라.] 그러나 무엇이 좋은 것인지를 [네가 분별할 수 있을 때까지] 모든 것을 시험하고 헤아려서, [그것을] 단단히 붙들라. _AMP, 역자 번역

우리는 '교회 안에는 예언이 필요하며, 그것을 멸시하지 말라'는 강력한 경고를 듣는다. 무언가를 멸시하는 것은 그것을 정죄하고 미워한다는 것이다. 그래서 우리는 예언을 멸시하게 될까 두려워한 나머지 그것을 분별하는 일마저 피해 왔다. 하지만 참된 것과 거짓된 것을 파악하고, 분별하는 방법을 배우는 것은 정말 중요하다. 21

절의 바울의 말을 다시 한 번 살펴보라.

> 헤아려 좋은 것을 취하고. _개역 개정

> 그러나 무엇이 좋은 것인지를 [네가 분별할 수 있을 때까지] 모든 것을 시험하고 헤아려서, [그것을] 단단히 붙들라. _AMP, 역자 번역

이것이 이 책의 목적이다. 참된 것을 거짓된 것으로 배척하게 될까 두려워서 거짓을 참으로 받아들일 수는 없다. 우리는 나쁜 것에서 좋은 것을 구별해 내는 법을 배워야 한다. 지나치게 조심하는 비판적인 태도로 참된 것을 거부하는 것은 옳지 않다.

현재 상황을 보면 성령 충만을 강조하는 쪽에서는 모든 예언의 말을 너무 느슨히 받아들이는 잘못을 저지른다. 그러나 누구도 "주께서 말씀하시기를"(thus saith the Lord)로 시작되는 예언의 말씀을 대수롭게 다루어서는 안 된다. 이스라엘 역시 이러한 잘못을 저질렀다. 하나님께서 미가 선지자를 통해 이렇게 말씀하실 정도였다.

> 사람이 만일 허망하게 행하며 거짓말로 이르기를 내가 포도주와 독주에 대하여 네게 예언하리라 할 것 같으면 그 사람이 이 백성의 선지자가 되리로다. _미가 2:11

새 생활 번역판[NLT]은 더 강하게 말한다. "……그것이 바로 너희

들이 좋아할만한 선지자다"역자 번역. 하나님은 이렇게 말씀하시는 것이다. "너희는 너희의 육욕과 색욕을 만족시켜 주는 것이면 어떤 예언이든지 받아들일 것이다."

하나님의 말씀을 분별할 수 있을 때까지 모든 것을 시험하고 헤아리라고 바울은 우리에게 말한다. 우리가 예언에 대해 너무 느슨해지는 잘못을 저질렀기 때문에 여러분은 이 책이 그 반대 방향으로 너무 치우친 것이 아닌가라고 생각할지 모르겠다. 만약 그렇게 느껴진다면, 그것은 올바르고 경건한 균형을 잡기 위해서라고 생각해 주기 바란다.

이 책을 쓰게 된 이유

원래 나는 이 책을 쓸 계획이 없었고, 《경외 The Fear of the Lord》의 후속편을 준비 중이었다. 수개월 동안 성경 구절과 자료를 모았고 발행인은 광고까지 했다.

그러던 어느 날, 발행인과 그 스텝진과 함께 식사를 하면서 이 책에서 다루는 몇몇 주제에 대해 이야기했다. 발행인은 내 말을 조용히 주의 깊게 들었다. 그러고는 내게 이렇게 물었다. "존, 다음 책으로 이 주제에 관한 책을 써 주시겠습니까?"

나는 놀라워하며 물었다. "지금 준비 중인 책 말고요?"

그가 대답했다. "그렇습니다."

내가 말했다. "이것을 놓고 기도해 보겠습니다."

나는 기도하며 하나님의 뜻을 열심히 찾았다. 믿을 수 있는 친구들과 함께 이 책의 내용으로 의견을 나누었고, 그들도 내가 이 주제에 대해 책을 써 주길 바랐다. 내 마음속 깊이 이 일을 해야 한다는 생각이 들었지만, 이 일로 인해 실망하거나 오해하는 사람도 있을 것이라는 생각이 들었다.

"주님," 나는 여쭈었다. "정말 제가 이 책을 쓰기 원하십니까?"

이 책으로 인해 핍박을 받게 될 모습이 눈에 선했다. "왜 제가 스스로 핍박을 자처해야 합니까?"

나는 울고 있었다. 그리고 이것이 이기적인 모습이라는 것도 알았다. 나는 이전에 만났던 많은 사람들을 기억했고, 가짜 예언의 말로 더럽혀진 사람들의 이야기를 떠올렸다. 그 순간, 하나님께서 내게 선포하라고 맡기신 일로부터 도망칠 수 없다고 결심했다.

이 책에는 거짓 예언에서 참 예언을 분별해 내는 법을 배우는 데 도움이 되는 실화가 수록되어 있다. 그러나 실명은 거론하지 않았다. 왜냐하면 사람을 확인하는 것이 아니라 잘못을 확인하는 것이 이 책의 목적이기 때문이다. 단, 전국적으로 잘 알려진 예언 사역과 관련된 두 가지 사례는 예외다. 이를 밝히는 이유는 이 사례들이 그저 머나먼 나라에서 드문드문 일어나는 그런 일이 아니라는 점을 분명히 하기 위해서이다.

이런 사례들을 통해 전국적으로 빈번하게 일어나는 영적 현실을 정확히 볼 수 있을 것이다. 비슷한 이야기를 경험한 많은 지도자와 이야기를 나누었지만, 지면상 다 싣지 못했다. 나는 지금 교회 전체가 큰 위기에 처해 있다고 믿으며, 우리가 진리를 받아들이고 거짓으로부터 돌이키지 않는다면 이 사태는 더욱 악화될 것이라고 생각한다.

이 책에 기록된 진리가 여러분을 불편하게 만들 수도 있고, 죄를 자각하게 만들 수도 있다. 나 역시 이 책을 쓰면서 깊이 반성했다. 내가 하나님의 뜻을 정확히 순종하지 못하는 영역에서 성령님은 진리를 가장 밝히 보여 주시는 것을 알게 되었다. 나는 회개했고 "주께서 이같이 말씀하시되"로 시작하는 예언을 바라보는 나의 시각을 바꾸게 되었다.

나는 이 책을 통해서 이미 예언 사역에서 쓰임받고 있는 분들이 새롭게 다듬어지기를 진심으로 바란다. 그러기 위해서는 열린 마음과 배우려는 자세가 필요하다. 우리는 이미 믿고 있는 것을 확인하는 것에서 그치지 않고, 하나님의 말씀을 읽어 가면서 깨닫게 되는 그 진리를 굳게 붙들어야 한다.

진리와 맞닥뜨리게 될 때, 우리가 취할 수 있는 반응은 두 가지다. 아담의 아들 가인처럼 화를 내면서 방어적인 태도로 일관하다가 정작 필요한 진리의 계시를 거부하거나, 나단의 책망을 듣고 난 후의 다윗처럼 겸손하게 통회하며 하나님을 닮은 성품으로 새롭게 비상하거나.

가르침은 우리를 세워 주는 반면, 경고는 우리를 지켜 준다.
만약 가르침만 받고 경고를 무시한다면,
우리는 가르침받은 것을 다 잃어버릴 수도 있다.

chapter.2
만연한 유혹

우리는 지금, 거대한 변화의 문턱을 넘고 있다.

주님께서 다시 오실 마지막 해와 날과 시간이 더욱 가까워졌다. 우리는 이런 사실을 이미 알고 있다. 예수께서는 우리가 비록 그날과 그때를 알 수는 없지만, 그 시기는 분별할 수 있다고 하셨다. 지금이 바로 그 시기다!

교회와 이스라엘, 그리고 자연을 보라. 지금처럼 예언의 성취가 동시다발적으로 이루어지는 때는 일찍이 없었다. 예수님은 우리에게 이렇게 확증하셨다. "내가 진실로 너희에게 말하노니 이 세대가 지나가기 전에 이 일이 다 일어나리라"마 24:34. 인자가 구름을 타고 오셔서 하늘과 땅끝으로부터 그의 택하신 자를 모으심으로써 이 모든 일이 마무리될 것이다"마 24:30-31.

우리가 살아가는 지금의 시기에 대해 성경은 충분히 언급하고 있다. 이전 세대가 경험해 보지 못한 하나님의 영광이 가장 찬란하게 드러나는 모습을 감격적으로 목격하게 될 것이다. 또한 상상도 할 수 없는 엄청난 규모로 영혼의 추수가 뒤따를 것이다.

반면에 지금은 심판과 공포의 때이기도 하다. 성경이 사도 바울을 통해 분명히 그렇게 말하고 있다. "너는 이것을 알라 말세에 고통하는 때가 이르러"딤후 3:1. 서신서는 당시 1세기 교회에 절실히 필요했던 경고 메시지이지만, 이것은 말세의 세대에도 동일하게 해당된다. 신약 성경 전반에 걸쳐 이러한 경고는 계속 반복된다.

비단 서신서에 국한되지 않는다. 예수님도 복음서에서 미혹에 대해 경고하셨다. 마태복음 24장에서 예수님은 미혹을 조심하라고 네 번이나 경고하셨다. 주님의 재림이 임박하게 될 때 나타날 징조에 대해서 제자들이 물었을 때, 예수님은 "너희가 사람의 미혹을 받지 않도록 주의하라"마 24:4고 하셨다. 여기에는 절박함이 배어 있다. 그분은 우리가 그 말씀을 영혼에 새기길 원하신다.

하나님의 경고를 주의 깊게 듣고 마음에 새긴다면 우리에게 큰 유익이 있을 것이다. 하나님의 경고를 가볍게 여긴다면 그 결과에 대한 책임으로부터 자유로울 수 없다. 솔로몬은 말년에 이 진리를 깨달았다. "가난하여도 지혜로운 젊은이가 늙고 둔하여 경고를 더 받을 줄 모르는 왕보다 나으니"전 4:13. 솔로몬은 젊었을 때 하나님의 지혜를 구했고, 하나님의 지혜로운 교훈을 통해 복과 은혜를 누렸다. 그 결과 왕국은 번성했고, 장수와 풍성한 삶을 누렸다. 그러나 시간이 흐르면서 그는 어린 시절의 지혜로부터 멀어져 갔다. 곧 미혹이 파고들었다. 그에게 있던 위대한 지식과 지혜를 마음에 새기는 데 실패했다.

진리에 대한 순종과 복종이 사라지자, 총명한 왕의 발걸음은 의의 좁은 길을 떠나 멸망의 대로로 옮겨졌다. 그의 어두워진 마음은 결국 우상 숭배의 길로 빠져들어갔다. 그의 모든 총명함도 그를 미혹으로부터 지켜주지 못했다. 그래서 순종이 따르지 않는 지식은 어리석고 해로운 것이다.

우리 마음이 하나님의 말씀을 따르지 않으면, 멸망의 길로 치닫게 된다. 우리는 우리 마음을 신뢰할 수 없다. 왜냐하면 하나님의 말씀은 '우리 마음이 만물보다 거짓되다'고 말하기 때문이다렘 17:9. 잠언 28장 26절은 이렇게 이야기한다. "자기의 마음을 믿는 자는 미련한 자요 지혜롭게 행하는 자는 구원을 얻을 자니라."

그렇다. 지혜롭게 행하려면, 우리는 하나님 말씀의 일부가 아니라 모든 권고를 그대로 주의하며 행해야 한다. 여기에는 경고도 포함된다.

우리 영혼을 지켜 주는 경고의 말씀

바울은 각 사람을 그리스도 안에서 온전하게 세우기 위해서는 경고와 가르침이 필수라고 말했다. "우리가 그를 전파하여 각 사람을 권하고 모든 지혜로 각 사람을 가르침은 각 사람을 그리스도 안에서 완전한 자로 세우려 함이니"골 1:28.

가르침은 우리를 세워 주는 반면, 경고는 우리를 지켜 준다. 만약 가르침만 받고 경고를 무시한다면, 우리는 가르침받은 것을 다 잃어버릴 수도 있다. 가르침이 얼마나 바르고 위대한지와는 상관이 없다. 가장 지혜롭고 위대한 선생이었던 솔로몬도 하나님의 경고를 마음에 새기지 않아 결국 변절하고 말았다. 그것은 우리가 하나님의 말씀에 얼마나 정통한지와도 상관없다. 하나님의 경고에 세심한 주의를 기울이지 않는다면, 가르침은 왜곡되거나 파괴된다.

에베소교회의 장로들을 향한 고별 설교에서 바울은 지속적으로 양떼에게 경고의 말씀을 전한 사실을 강조한다.

> 그러므로 여러분이 일깨어 내가 삼 년이나 밤낮 쉬지 않고 눈물로 각 사람을 훈계하던 것을 기억하라. _사도행전 20:31

그 훈계는 새로운 신자들뿐만 아니라 모든 사람을 위한 것이었고, 지속적인 것이었다. 너무나 중요했기에 3년 동안 하루도 빠짐없이 경고했다. 바울은 자신이 흘린 눈물을 기억하라고 호소했다. 양떼에 대한 염려로 마음으로부터 흘린 눈물이었다. 오늘날 이런 아버지와 같은 목자들은 어디에 있는가? 양떼의 짐을 함께 지는 아버지들은 어디에 있는가? 이런 지도자들은 오늘의 편안함을 거부하고 내일을 위한 경고를 멈추지 않는다. 하나님께서 우리에게 그런 마음을 주시기를 간절히 소망한다.

거짓 선지자를 분별하려면

거짓 그리스도(적그리스도)와 거짓 선지자. 예수님은 이 두 가지가 우리를 미혹하는 원천이라고 밝히셨다.

거짓 그리스도는 하나님의 아들이신 예수 그리스도께서 육체를 입고 사람으로 오신 것을 부인하는 자들이다. 이렇게 미혹하는 자들은 적그리스도의 영을 가지고 있다 요일 2:18-23; 요이 1:7-8. 역사적으로 그들은 예수님께서 진정한 사람의 아들son of man이 아니셨고 언제나 하나님이셨기 때문에, 정말로 죽으신 것은 아니라고 주장해 왔다. 이러한 영은 오늘날 여러 사이비 종파의 가르침에서도 명백히 드러난다. 요컨대 그들은 언제나 예수께서 육체를 입고 오셨다는 진리를 공격한다. 성경을 조금이라도 아는 교회나 성도라면 이런 사람을 결코 용납할 수 없을 것이다. 그러므로 우리에게 있어 진짜 문제는 이런 적그리스도가 아니다.

두 번째로 볼 것은 거짓 선지자다. 이는 다시 두 종류로 나뉜다. 첫째, 하나님께로 가는 또 다른 길이 있다고 주장하는 사람들이다. 이 길은 보통 초월적인 힘Higher Power으로 불린다. 그들은 예수 그리스도를 통하지 않고, 그분 없이 하나님께 가는 길을 제시한다. 물론, 대부분의 그리스도인은 이런 선지자를 따라가지 않을 것이다. 그러나 다른 그룹의 거짓 선지자는 분별하기 훨씬 어렵다. 그들은 교회 안에 있으며, 분별하지 않으면 택함받은 자라도 미혹될 수 있다. 예수님은 이런 선지자들이 일어나 이적과 기사를 보이며 "할 수만 있으면 택하신 자들도 미혹하리라" 마 24:24고 말씀하셨다. 그들은 우리 안에 있으면서 같은 성경을 갖고 다니며 심지어 초자연적인 은사도 보여 주지만, 성도를 미혹하여 하나님의 마음과 법이 아니라 자기 자신에게로 이끈다.

바울은 에베소교회를 향한 경고에서 이 점을 다시 한번 분명히 밝히고 있다.

> 내가 떠난 후에 사나운 이리가 여러분에게 들어와서 그 양떼를 아끼지 아니하며 또한 여러분 중에서도 제자들을 끌어 자기를 따르게 하려고 어그러진 말을 하는 사람들이 일어날 줄을 내가 아노라 그러므로 여러분이 일깨어 내가 삼 년이나 밤낮 쉬지 않고 눈물로 각 사람을 훈계하던 것을 기억하라. _사도행전 20:29-31

그들이 이리처럼 온다는 바울의 말을 주목하라. 예수님도 이런 거짓 선지자를 양의 옷을 입은 이리라고 말씀하셨다 마 7:15. 거짓 선지자는 강단 사역에 한정되지 않는다. 그들은 대중 사역을 할 수도 있고, 그렇지 않을 수도 있다. 그들은 갖가지 모습으로 자신을 꾸미며, 그들의 외적인 모습은 진정한 내적 동기를 위장하기 위한 것이다.

거짓 선지자는 외적으로는 진실한 성도와 구별하기 어렵다. 그들과 똑같이 말하고, 가르치며, 설교하고, 찬송하며, 행한다. 그러나 그 욕구와 동기는 전혀 다르다. 진정한 성도는 주님의 바람을 이루어 드리는 것을 기뻐하지만, 이리는 오직 자기만 생각한다. 자신들의 의도와 상충하지만 않는다면 그들은 기꺼이 순종하는 모습을 보인다. 때문에 그들을 구별하기는 쉽지 않다. 예수님은 그들을 오직 열매로 판별할 수 있다고 하셨다. 참된 열매는 역경 속에서도 한결같으며, 다른 사람들에게 건강과 생명을 준다.

거짓 선지자는 주인 되시는 예수님께 아직 자기 삶을 바치지 않은 사람들이다. 그들에게는 하나님을 찾는 다른 목적이 있다. 하나님의 하나님 되심 때문에 그분을 섬기는 것이 아니라, 하나님으로부터 무엇을 얻으려는 목적으로 섬긴다. 그들의 진정한 동기가 드러나기 전이라면 우리는 쉽게 속을 수 있다. 사실, 그들은 다른 사람을 속일 뿐 아니라 스스로를 속이고 있다 딤후 3:13. 자신들이 정말 순종하는 삶을 살고 있다고 믿기 때문이다. 세상에 있는 동안 예수님을 '주'라 부르고 그분의 이름으로 예언하면서도, 마지막 심판 날에 주님께 끔찍한 말씀을 듣게 될지도 모른다. "내가 너희를 도무지 알지 못하니 불법을 행하는[내 아버지의 뜻대로 행하지 않는] 자들아 내게서 떠나가라" 마 7:15-23 참조.

바울이 3년이나 밤낮으로 훈계한 후에도 여전히 양떼들을 염려한 이유는 이런 미혹이 너무도 강력한 것이기 때문이다. 바울은 이런 말로 에베소 교인들의 자신감을 흔들어 놓았다. "또한 여러분 중에서도 제자들을 끌어 자기를 따르게 하려고 어그러진 말을 하는 사람들이 일어날 줄을 내가 아노라"^{행 20:30}. NLT의 번역은 더욱 신랄하다. "심지어 여러분 중 어떤 이들은 추종자를 만들기 위해서 진리를 어그러뜨릴 것이다"^{역자 번역}.

바울이 말하는 대상이 교회의 장로들이라는 사실을 잊지 말라. 자신을 온통 쏟아부었던 교회 지도자들에게 이런 이야기를 하고 있는 것이다! 그가 왜 눈물을 쏟아야 했는지를 잘 설명해 주는 부분이다. 이들은 과거에 하나님을 섬기며 열매를 맺었던 성도들이지만, 도중에 옛 본성이 나왔거나 혹은 미혹을 받아 다시 자기 자신을 섬기는 길로 돌아선 자들이다.

이런 말을 하는 바울의 마음은 얼마나 힘들었을까! 하지만 아무리 어려워도 꼭 해야 하는 일이었다. 오늘날도 다르지 않다. 예수께서 말세에는 미혹하는 일이 우후죽순처럼 번져 간다고 하셨기에 지금은 그 어느 때보다 더욱 진리가 필요하다.

자명종

1980년대에 나는 지역 교회에서 전임 사역자로 일했다. 1990년대 십여 년간은 교파를 초월해 전 세계 수백 개의 교회와 컨퍼런스 그리고 성경학교를 방문했다. 그 결과 나는 지역 교회와, 미국 전역, 그리고 전 세계적으로 하나님이 일하시는 놀라운 광경과 함께 낙심이 되는 모습을 모두 목격할 수 있었다.

나와 아내는 거짓 예언 사역을 직접 접해 왔다. 수많은 남용 사례를 들었고, 거짓 예언 사역을 경험한 많은 이들의 이야기를 들었다. 경미한 손실로부터 대재앙이라고 할 만한 정도까지 다양했다. 나는 거짓 예언이 어떻게 가정을 파괴하고, 교회를 조종하거나 분열시켰는지에 대해 목회자들의 이야기도 경청했다. 어떤 경우에는 이미 큰 손해를 입고 난 후에야 미혹이 분명히 드러나기도 했다. 교회의 감독자들이 교회를 제대로 돌보지 못하는 바람에 이런 거짓 선지자들은 예전처럼 여전히 활동하고 있다. 바울은 지도자들에게 이렇게 훈계한다.

> 여러분은 자기를 위하여 또는 온 양떼를 위하여 삼가라 성령이 그들 가운데 여러분을 감독자로 삼고 하나님이 자기 피로 사신 교회를 보살피게 하셨느니라. _사도행전 20:28

목자는 양떼를 먹일 뿐 아니라, 보호해야 한다. 지금은 지도자들이 일어나서 양떼를 보호해야 할 때이다. 더 이상 거짓 예언을 눈감아 주거나 대수롭지 않게 여겨서는 안 된다. 〈미니스트리스 투데이 *Ministries Today*〉의 최근호에는 다음과 같은 논평이 실렸다.

> 지난해 다수의 그리스도인 지도자들과 모임을 가졌는데, 모두들 거짓

예언과 관련된 우스운 이야기를 풀어 놓기 시작했다. 이를 통해 "주님의 이름으로 말하는" 많은 사람을 무시하거나 가볍게 여기는 풍조가 만연해 있다는 것을 알게 되었다. 우리 모두는 거짓 예언에 대해 입을 다물거나, 너그러워지는 것에 이미 익숙해졌던 것이다. 모두들 예언이 적힌 쪽지를 받거나, 모임에 참여하고, 예언의 말로 사람들을 격려하는 것에 대해서 이야기했다. 그 예언들이 진짜가 아니라는 것을 알면서도 말이다……

그에게 이 모임은 진리를 찾는 계기가 되었다. 그는 하나님의 말씀을 검토한 다음에 다음과 같이 썼다.

나는 거짓 예언이 주님의 이름을 잘못 사용하는 것이라고 결론 내렸다. 그것은 제3계명을 범하는 것이다. 또한 인간의 자아는 연약하기 때문에, 자신을 하나님의 대변자로 주장하지 않도록 주의를 받을 필요가 있다.

우리는 주님의 이름으로 선포되는 개인적인 혹은 공동체를 위한 예언을 듣는다. 때때로 그 예언의 정확성을 경이롭게 지켜보면서 눈물을 흘리기도 한다. 그러나 수개월 혹은 수년 후가 지나 피해가 발생하기 전까지는 그 예언이 우리를 망가뜨렸다는 사실을 인식하지 못한다.

이 책에서 우리는 성경과 [하나님의 말씀과 일치하는] 여러 경험들을 통해서, 어떤 예언이 주님으로부터 온 것인지 분별할 때 그 예언이 정확한가가 기준이 아님을 분명히 보게 될 것이다.

그렇다면 우리가 올바른 길로 인도받는 것인지 아닌지는 어떻게 알 수 있을까? 이 말씀을 보자.

> 여호와의 교훈은 정직하여 마음을 기쁘게 하고 여호와의 계명은 순결하여 눈을 밝게 하시도다 여호와를 경외하는 도는 정결하여 영원까지 이르고 여호와의 법도 진실하여 다 의로우니 금 곧 많은 순금보다 더 사모할 것이며 꿀과 송이꿀보다 더 달도다 또 주의 종이 이것으로 경고를 받고 이것을 지킴으로 상이 크니이다. _시편 19:8-11

우리가 주님을 경외하면, 순결하고 정결해질 것이며 그분의 말씀으로 바르게 훈련받고, 교육받으며, 경고를 받게 될 것이다. 두 사람이 같은 성경을 읽고도 한 사람은 미혹의 길로 빠지고 다른 사람은 주님의 길로 나아가는 이유는 이처럼 주님을 경외하는 것에서 차이가 나기 때문이다.

성경을 읽으면서 시편 기자처럼 마음속으로부터 이렇게 부르짖으라. "여호와여 주의 도를 내게 가르치소서 내가 주의 진리에 행하오리니 일심으로 주의 이름을 경외하게 하소서"_시 86:11.

선지자는 다른 사람을 위해서 말하는 사람 또는
다른 사람을 위해 목소리를 빌려 주는 사람이다.
선지자를 '미래를 예언하는 사람'으로 생각하는 것은 잘못이다.

chapter.3
참된 예언 사역 I

　가짜를 판별하기 위해서는 먼저 진짜를 알아야 한다. 최근에 방영된 한 방송사의 다큐멘터리는 이런 진리를 잘 보여 준다. 인조 보석을 진짜인 것처럼 판매하는 보석상에 대한 정보가 뉴스 팀에 입수되었다. 이 보석상은 수년간 장사를 해 왔고, 많은 사람들은 진짜 보석으로 믿고 그에게서 물건을 구매했다. 고객들은 선물용으로도 많은 보석을 구매했다.
　전문가들이 인조 보석이라는 것을 밝혀내기 전까지는 아무도 진품 여부를 의심하지 않았다. 뉴스 팀은 카메라를 감춘 채 가게 안으로 잠입했고, 몇 주간의 취재 끝에 보석상의 사기극을 폭로했다. 가짜는 진짜와 너무도 흡사했다. 보통 사람이 그 차이를 식별하는 것은 불가능했다. 전문가는 가짜를 식별하는 방법을 앵커우먼에게 설명하기 시작했다. 고성능 확대경을 통해 진품의 생김새를 면밀히 보여 준 다음에 가짜는 어떻게 다른지를 설명했다. 만약 이러한 설명을 듣지 않았다면, 기자 역시 쉽게 속아 넘어갔을 것이다.

참 예언과 거짓 예언을 식별하는 원리도 마찬가지다. 진짜를 잘 구별할수록 가짜에 속아 넘어가는 것을 방지할 수 있다. 내가 만약 진짜 사파이어나 에메랄드를 한 번도 본 적이 없다면, 가짜에 쉽게 속고 말 것이다. 당신이 나에게 초록색 보석을 주면서 사파이어라고 말한다고 치자. 나는 사파이어의 색깔이 푸른색이라는 사실을 모르기 때문에 당신의 말을 의심하지 못할 것이다. 거기에다 당신은 이 속임수를 더욱 그럴듯하게 만들기 위해서 초록색 사파이어의 특징을 설명하는 책을 추천할 수도 있다. 그렇게 되면, 나는 나중에 진짜 사파이어의 특성을 알게 되더라도 그것에 대해서 거부감이 들 것이다. 이런 식으로 많은 사람이 사이비 종교에 미혹된다.

역으로, 내가 만약 사파이어의 색을 푸른색으로 알고 있다면, 즉시 다른 색깔은 거부할 것이다. 그러므로 어떤 모조품이라도 최소한 사파이어처럼 보이기는 해야 한다. 하지만 이런 상황에서도 여전히 나는 정교한 모조품을 취급하는 교활한 보석상의 먹이가 될 수 있다. 그러나 내가 이에 관해 전문 교육을 받았다면? 그렇다면 최고의 모조품을 동원하더라도 나를 속이기가 무척 어려울 것이다.

성경은 말한다. "모든 성경은 하나님의 감동으로 된 것으로 교훈과 책망과 바르게 함과 의로 교육하기에 유익하니"딤후 3:16. 우리는 하나님의 말씀에서 필요한 교훈과 지침을 얻는다. 우리가 성경을 더 잘 알게 될수록, 참과 거짓, 옳고 그름을 더욱 분명하게 구별할 것이다. 하나님의 말씀은 미혹으로부터 우리를 지켜 주는 안전장치이기 때문이다.

우리는 값비싼 모조품에 돈을 써 버리는 보석상의 고객 같을 때가 너무나 많다. 진짜에 대해서 수박 겉핥기식의 지식밖에 없어 그렇다. 무가치한 것과 소중한 것을 구별할 수 있는 지혜가 부족하다. 훈련받지 않은 눈은 진품과 모조품을 혼동한다. 가짜 예언은 종종 "주께서 이같이 말씀하시되…"라는 말로 포장한 채, 과거의 상처에 대한 연민과 미래의 '축복'을 언급하며 진품처럼 위장한다. 그러면 여러분은 가짜 예언에 미혹되는 것이다.

선지자는 다른 사람을 위해 말하는 사람

성경에서 선지자prophet라는 말이 제일 처음 등장하는 곳은 창세기 20장 7절의 아브라함과 관련된 내용에서다. 하나님은 아비멜렉에게 이렇게 경고하셨다. "이제 그 사람의 아내를 돌려보내라 그는 선지자라." 우리가 아브라함을 생각할 때는 언뜻 선지자의 모습을 떠올리기가 쉽지 않다. 이유는, 그가 미래의 일을 예언하는 모습을 본 적이 없기 때문이다. 그러나 하나님은 그를 선지자로 보셨다. 이를 통해 선지자에 대해 우리가 무엇을 오해하고 있는지 분명히 드러난다.

아브라함을 선지자로 표현한 히브리어 단어는 '나비'^{nabi}이다. 이 단어는 구약 성경에서 선지자를 가리키는 가장 보편적인 단어이며, 300번 이상 등장한다.

저자가 어떤 용어를 사용할 때는, 보통 그 용어의 정의를 내린다. 용어를 제일 처음 사용하면서 정의를 내리지 않았다면, 다음번에라도 그렇게 하기 마련이다. 성경의 저자이신 하나님께서 선지자라는 단어를 처음 쓰실 때는 명확한 정의를 주시지 않았다. 하지만 성경에서 나비^{nabi}가 두 번째 등장하는 사건을 통해 우리는 그 단어의 전반적인 의미를 깨닫게 된다. 출애굽기 7장 1절에는 이렇게 기록되어 있다.

> 여호와께서 모세에게 이르시되 볼지어다 내가 너를 바로에게 신 같이 되게 하였은즉 네 형 아론은 네 대언자가 되리니.

본문의 배경은 모세가 하나님께 자신은 말을 잘하지 못하며, 따라서 하나님의 대변인으로서 바로^{Pharaoh} 앞에 나설 수 없다고 항변한 직후이다 출 4:10-16. 이 때문에 하나님은 노하셨지만, 곧 모세의 형인 아론을 모세의 대리인으로 세워 주셨다. 그리고 이렇게 말씀하셨다.

> 그가 너를 대신하여 백성에게 말할 것이니 그는 네 입을 대신할 것이요

너는 그에게 하나님 같이 되리라. _출애굽기 4:16

　이 두 성경 구절을 통해서 우리는 선지자에 대한 개략적인 정의를 이끌어 낼 수 있다. 하나님의 말씀을 받은 이는 모세였으나 그것을 말한 사람은 아론이었다. 하나님은 아론이 모세를 위한 대언자(또는 대신 말하는 사람)가 될 거라고 말씀하셨다. 이처럼 선지자는 '다른 사람을 위해 말하는 사람' 또는 '다른 사람을 위해 목소리를 빌려주는 사람' 이다. 그러므로 선지자를 '미래를 예언하는 사람' 으로 생각하는 것은 잘못이다.

　하나님이 자신의 백성을 위해서 약속하신 말씀을 들어 보라. "내가 그들의 형제 중에서 너와 같은 선지자 하나를 그들을 위하여 일으키고 내 말을 그 입에 두리니 내가 그에게 명령하는 것을 그가 무리에게 다 말하리라"신 18:18. 여기서 '너와 같은 선지자' 는 물론 예수님을 가리킨다.

　히브리서 1장 1~2절은 선지자의 역할에 대해 이렇게 언급했다. "옛적에 선지자들을 통하여 여러 부분과 여러 모양으로 우리 조상들에게 말씀하신 하나님이 이 모든 날 마지막에는 아들을 통하여 우리에게 말씀하셨으니." 이처럼 선지자는 대리인 또는 대변인이지 미래 일의 예언자가 아님을 다시 한번 강조하고 있다.

　예수께서도 이 사실을 확증하셨다. "내가 내 자의로 말한 것이 아니요 나를 보내신 아버지께서 내가 말할 것과 이를 것을 친히 명령하여 주셨으니"요 12:49. 선지자에 대한 가장 명확한 정의는 "다른 사람을 위해 말하는 사람"이다. 물론 여기에는 미래를 예언하는 것도 포함될 수 있지만, 그것은 선지자의 주 임무와 거리가 멀다.

신약의 선지자

선지자의 개념을 더 깊이 정의하기 위해 신약 성경을 검토해 보자. 성경은 예수님께서 죽은 자 가운데서 부활하신 후, 여러 은사와 직분을 적절히 세워 교회를 굳건히 하셨다고 말한다.

> 그가 어떤 사람은 사도로, 어떤 사람은 선지자로, 어떤 사람은 복음 전하는 자로, 어떤 사람은 목사와 교사로 삼으셨으니 이는 성도를 온전하게 하여 봉사의 일을 하게 하며 그리스도의 몸을 세우려 하심이라 우리가 다 하나님의 아들을 믿는 것과 아는 일에 하나가 되어 온전한 사람을 이루어 그리스도의 장성한 분량이 충만한 데까지 이르리니. _에베소서 4:11-13

예수께서 이 모든 직분을 임명하신다는 사실을 주목하라. 직분은 마음대로 취사선택하는 것이 아니다. 그것은 하나님의 부르심이며, 그분에게서 임명받는 것이다. 이 점에 대해서는 11장에서 더 자세히 논의할 것이다.

그리스도의 몸 된 교회가 예수 그리스도를 믿는 것과 아는 일에 하나가 될 때까지 자라도록 이 직분이 주어졌다. 신약 성경을 기술한 예수님의 직속 제자들인 사도와 선지자들이 죽으면서 함께 끝난 것이 아니다. 선지자의 직분은 여전히 정당하며 무척 시급하다.

대부분 이 사실에 동의한다고 할지라도, 현재의 사도나 선지자는 더 이상 성경을 새로이 쓰거나 더할 수 없음을 강조해야 한다. 요한계시록의 말씀은 누구든지 성경 말씀에 더하는 자는 하나님께서 그들의 삶에 재앙을 내리실 것이며, 누구든지 성경의 말씀을 제하는 사람은 하나님이 생명책에 참여함을 제하여 버리실 것이라고 경고한다계 22:18-19.

그러므로 지금 선포되는 말씀은 어떤 식으로든 이미 확립된 성경 말씀과 모순되어서는 안 된다. 그래서 바울도 이렇게 선포한다. "만일 누구든지 너희가 받은 것 외에 다른 복음을 전하면 저주를 받을지어다"갈 1:9.

베드로는 이에 관해 이렇게 권한다. "만일 누가 말하려면 하나님의 말씀을 하는 것 같이 하고"벧전 4:11. "말하는 자로 부르심을 받았는가? 그렇다면 마치 하나님께서 너를 통해 직접 말씀하시는 것처럼 말하라"NLT, 역자 번역. 선지자는 주님의 교회에게 주시는 하나님의 말씀을 받은 사람이다.

예를 들면, 왕의 사자使者를 생각해 보라. 왕은 백성에게 직접 이야기하든지, 아니면 임명한 사자를 통해서 이야기한다. 이때 사자가 왕의 말뿐 아니라 마음까지도 정확하게 전달하는 것이 매우 중요하다. 사자는 마치 왕이 직접 이야기하는 것처럼 그 메시지를 전달해야만 한다.

선지자의 메시지는 결코 성경과 모순되어서는 안 되지만, 때때로 성경 구절들로 확증될 수 없는 경우도 있다. 이것도 참된 하나님의 말씀일 수 있다. 좋은 예로, 아가보가 땅 위에 임할 큰 흉년에 대해 안디옥교회에 전한 말씀이나행 11:27-28, 바울에게 유대인들이 그를 결박하여 이방인의 손에 넘겨주리라고 경고한 것을 들 수 있다행 21:10-11.

가짜 예언은 바로 이러한 영역에 쉽게 끼어든다. 성경에 의해 그 진정성을 확증하거나 검증할 수 없는 메시지를 거짓 선지자가 개인이나 공동체에 전달할 수 있기 때문이다. 많은 경우 이런 메시지는 자기 자신의 생각이거나 그와 비슷한 영들로부터 오는 것이다.

이를 대적하지 않으면, 이런 메시지나 예언은 하나님의 백성을 더럽히고 헛되게 만들 수 있다렘 23:16. 더럽힘에 대해서는 5장에서 자세히 살펴볼 것이다. 나는 여러분이 이 책에 담긴 진리를 통해서 이런 종류의 더럽힘에서 깨끗해지고, 보호받으며, 해방되기를 기도한다.

선지자 엘리야

이제부터 말세의 예언 사역에 대한 성경의 말씀을 검토해 보자.

보라 여호와의 크고 두려운 날이 이르기 전에 내가 선지자 엘리야를 너희에게 보내리니 그가 아버지의 마음을 자녀에게로 돌이키게 하고 자녀들의 마음을 그들의 아버지에게로 돌이키게 하리라 돌이키지 아니하면 두렵건대 내가 와서 저주로 그 땅을 칠까 하노라 하시니라. _말라기 4:5-6

'여호와의 크고 두려운 날'은 그리스도가 재림하는 날을 말한다. 예수님은 그날에 "땅의 모든 족속들이 통곡하며 그들이 인자가 구름을 타고 능력과 큰 영광으로 오는 것을 보리라" 마 24:30고 말씀하셨다. 예수님을 사랑하지 않고 순종하지 않는 사람들에게는 끔찍한 날이 될 것이다.

사도 요한은 그날에 대한 계시를 받고 이렇게 묘사했다. "땅의 임금들과 왕족들과 장군들과 부자들과 강한 자들과 모든 종과 자유인이 굴과 산들의 바위틈에 숨어 산들과 바위에게 말하되 우리 위에 떨어져 보좌에 앉으신 이의 얼굴에서와 그 어린 양의 진노에서 우리를 가리라 그들의 진노의 큰 날이 이르렀으니 누가 능히 서리요 하더라" 계 6:15-17.

이 날이 오기 전에, 하나님은 선지자 엘리야를 보내실 것이다. 이 엘리야는 열왕기에 등장하는 엘리야가 아니다. 본문은 역사상의 인물을 가리키지 않으며, 어떤 특정 인간을 지칭하는 것도 아니다. 오히려 엘리야의 진정한 의미에 대해서 소개하고 있다.

엘리야^{Elijah}라는 말은 엘^{el}과 야훼^{Yahh}라는 두 개의 히브리어 단어로 이루어져 있다. 엘^{el}은 힘과 권능을 뜻하며, 야훼^{Yahh}는 유일하신 참 하나님의 거룩한 성호이다. 이 두 단어를 하나로 합치면 "유일하신 참 하나님 여호와의 힘과 권능"이라는 뜻이 된다. 따라서 말라기 선지자는 주님의 날이 이르기 전에 하나님께서 그 힘과 권능으로 예언 사역을 일으키시리라는 사실을 말한 것이다.

예수님의 초림 전에, 가브리엘 천사는 세례 요한의 아버지 스가랴에게 나타나서, 그의 아들을 향한 하나님의 부르심에 대해서 이렇게 이야기했다.

> 이스라엘 자손을 주 곧 그들의 하나님께로 많이 돌아오게 하겠음이라 그가 또 엘리야의 심령과 능력으로 주 앞에 먼저 와서 아버지의 마음을 자식에게, 거스르는 자를 의인의 슬기에 돌아오게 하고 주를 위하여 세운 백성을 준비하리라. _누가복음 1:16-17

세례 요한은 예수님의 초림 전에 주님의 길을 예비하기 위해서 엘리야의 심령과 능력으로 보내심받은 선지자였다. 그의 메시지와 사역의 중점은 이스라엘 자손의 마음을 다시 하나님께로 되돌리는 것이었다.

요한의 메시지는 한 문장으로 요약된다. "회개하라 천국이 가까이 왔느니라!" 마 3:2. 회개는 단지 행동뿐 아니라, 생각과 마음이 바뀌는 것을 뜻한다. 이스라엘 자손은 종종 영적이고 종교적으로 행동했지만, 그들의 마음은 하나님을 떠나 있었다. 수많은 사람이 회당에 모였지만, 진정한 자신의 마음 상태를 아는 이는 없었다. 그들은 하나님의 언약 백성의 후손이라는 사실을 의지했다. 하나님 앞에서 스스로 의롭다고 믿었고 자신의 구원에 대해 의심하지 않았다. 그러나 그들은 속고 있었다!

자비로운 하나님은 선지자 요한을 통해 주님의 말씀을 선포하심으로 그들의 진정한 마음 상태를 보여 주셨다. 요한은 세례 받으러 온 무리에게 이렇게 설교하기도 했다. "독사의 자식들아 누가 너희에게 일러 장차 올 진노를 피하라 하더냐 그러므로 회개에 합당한 열매를 맺고 속으로 아브라함이 우리 조상이라 말하지 말라 내가 너희에게 이르노니 하나님이 능히 이 돌들로도 아브라함의 자손이 되게 하시리라" 눅 3:7-8.

자신의 설교를 듣고 세례받고자 태양이 작열하는 사막을 오랜 시간 동안 건너온 사람들에게 던진 메시지치고는 참 흥미롭지 않은가. 요한은 인기를 얻는 데 관심이 없었다. 입에 발린 말 따위는 하지 않았다. 요한은 그저 하나님께서 자신에게 말씀하신 것을 충성스럽게 선포하려는 열정으로 불탔다. 그는 진정한 의미에서의 선지자였다. 그러나 우리가 오늘날의 사역 현장에서 경험하는 메시지는 이와는 너무나 다른 것이 현실이다.

오늘날의 기름 부음

'엘리야 예언'은 주님의 초림 전에 세례 요한에 의해 성취되었다

(다른 예언도 있다. 예를 들어 이사야 40:3-4절과 말라기 3:1절을 보라). 그런데, 말라기 선지자는 주님의 크고 놀라운 날 곧 주님의 재림 전에도 이러한 기름 부음이 있을 것이라고 예언했다. 이 말은 곧 이 예언의 성취가 두 번 있다는 의미다. 예수님은 이 두 번의 성취에 대해서 세 명의 제자에게 말씀하셨다.

예수님은 베드로와 야고보 그리고 요한을 데리고 높은 산으로 가셨다. 그곳에서 모습이 완전히 변화되셨다. 얼굴은 해처럼 빛났고, 옷은 빛처럼 희게 변했다. 모세와 엘리야가 나타나서 예수님과 대화를 나누었다. 예수님이 말씀하시는 동안에 갑자기 빛난 구름이 그들을 덮었고 하나님은 이렇게 말씀하셨다. "이는 내 사랑하는 아들이요 내 기뻐하는 자니 너희는 그의 말을 들으라." 하나님의 두려움이 제자들을 엄습했고, 급기야 제자들은 땅에 엎드리기에 이르렀다. 다시 고개를 들었을 때는 오직 예수님만이 그곳에 계셨다.

이제 그들에게는 예수님이 오랫동안 기다려 온 메시아라는 사실이 너무나 분명해졌다. 그러나 이것은 그들을 혼란스럽게 했다. 그들이 율법학자들을 통해, 주님이 오시기 전에 엘리야가 먼저 오리라는 말라기의 말씀을 들었기 때문이다. 그래서 그들은 이것에 대해서 주님께 물었고, 주님은 이렇게 대답하셨다.

예수께서 대답하여 이르시되 엘리야가 과연 먼저 와서 모든 일을 회복하리라 내가 너희에게 말하노니 엘리야가 이미 왔으되 사람들이 알지 못하고 임의로 대우하였도다 인자도 이와 같이 그들에게 고난을 받으리라 하시니 그제서야 제자들이 예수께서 말씀하신 것이 세례 요한인 줄을 깨달으니라. _마태복음 17:11-13

예수님은 서로 다른 두 명의 엘리야를 말씀하셨다. 먼저 앞으로 오게 될 엘리야를 말씀하셨다. 이때의 엘리야는 세례 요한이 아니었다. 왜냐하면 이 시점에서 그는 이미 목 베어 죽임을 당했기 때문이다마 14:1-12. 다음으로 주님은 이미 이 세상에 온 엘리야에 대해서 말씀하셨는데, 이는 분명히 세례 요한을 가리키는 것임을 밝히셨다.

예수께서 세상에 다시 오시기 전에, 하나님은 다시 한번 예언의 기름 부음을 일으키실 것이다. 그러나 이번에는 그 임무가 한 사람에게만 주어지는 것이 아니라 공동으로 여러 선지자에게 주어질 것이다엡 4:7-11; 계 22:8-9. 이런 엘리야 선지자들은 세례 요한과 비슷한 메시지를 선포할 것인데, 왜냐하면 세례 요한은 하나의 표본이며 말세에 나올 선지자들의 선구자이기 때문이다. 엘리야 선지자들은 교회 안에서 길을 잃거나 미혹받은 양들을 찾을 것이며, 또한 죄로 인하여 떠난 자들을 다시 부를 것이다.

미혹을 받은 사람 중에 많은 사람들은 여전히 교회에 다니면서 자신은 예수님의 재림을 맞을 준비가 되었다고 생각한다. 세례 요한 때의 많은 사람들처럼 그들은 교회에 출석하고, 십일조를 바치며, 방언을 말하고, 여러 은사를 행하는 것으로 스스로 위안을 삼는다. 또한 그들은 주님께 항상 복종해야 함에도 불구하고 예전에 '죄인의 기도'를 한 번 드린 것만으로 하나님께서 자신을 완전히 받아 주셨다고 자신한다.

그들은 주님의 명령을 행하기 쉬울 때만, 자신의 일정과 계획에 상충되지 않을 때만 복종한다. 주님께 복종하는 것이 자신의 쾌락을 즐기는 데에 방해가 되면 "하나님의 은혜"를 들먹이며 주님의 인도하심을 무시하기 일쑤다. 그들은 자신이 의롭다 하심을 얻었다고 믿지만, 정말 그럴까? 그들은 예수님께서 책망하셨던 계시록의 미지근한 교회가 아닐까?

라오디게아 교회계 3:14-22는 거짓 은혜를 굳게 의지했다. 불행하게도 이런 상황은 그들이 하나님과 사이가 좋다고 말하는 거짓 선지자와 선생들에 의해 더욱 악화된다.

미지근한 메시지는 지난 수십 년간 건강하지 않은 새로운 신자들을 수없이 만들어 냈다. 그러나 다소 지치기는 했을지라도 하나님을 진정으로 사랑하며 경외하는 사람들이 여전히 있다. 그런 사람은 숫자가 많지 않다. 또한 그들은 교회의 마음을 만지며, 교회를 온전하게 하는 주님의 참된 말씀을 들을 기회가 그리 많지 않다.

엘리야 선지자들의 메시지는 이렇게 어려운 상황 속에서 순종하며 인내하는 이들에게 힘을 실어 줄 것이다. 그들의 메시지는 마지막 때의 교회를 향한 하나님의 목적을 다시금 분명하게 보여 줄 것이다.

오늘날 교회에 침투한 거짓 예언 사역을 보라. 그로 인해 교회는 문자 그대로 오염되었고, 심지어 참된 주님의 말씀이 어그러지는 지경에까지 이르렀다. 가짜가 진짜 자리를 꿰차고 앉아 진짜보다 더욱 진짜 대접을 받고 있다. 이런 부패의 물결이 교회를 완전히 삼키기 전에 우리는 하늘의 소리에 귀를 열어야 한다.

다음 장에서 우리는 참 선지자의 메시지와, 왜 그것이 오늘날 그토록 절실한지를 더욱 자세하게 검토할 것이다.

사람들이 들어야 할 말씀 대신에 그들이 듣고 싶어 하는 것을 들려주면 교회는 약해진다.
그렇게 되면 사람들은 은사와 그 나타나는 현상들에 마음을 쏟게 되면서
하나님의 성품대로 살아가는 삶은 점점 외면해 버린다.

chapter. 4

참된 예언 사역 Ⅱ

우리는 성경을 통하여 선지자란 주 예수의 대변인이라는 것을 앞에서 확인했다. 또한 마지막 때의 선지자의 역할에 대해서도 배웠다.

보라 여호와의 크고 두려운 날이 이르기 전에 내가 선지자 엘리야를 너희에게 보내리니 그가 아버지의 마음을 자녀에게로 돌이키게 하고 자녀들의 마음을 그들의 아버지에게로 돌이키게 하리라 돌이키지 아니하면 두렵건대 내가 와서 저주로 그 땅을 칠까 하노라 하시니라. _말라기 4:5-6

세례 요한은 그의 시대를 위해 엘리야 예언을 성취했다. 요한의 목적은 이스라엘 집의 "잃어버린 양"을 일깨워서, 예수님의 오심을 위해 준비시키는 것이었다. 요한은 이방인에게 보냄받지 않았다. 가브리엘 천사는 그의 사역의 초점을 이렇게 기술한다.

> 이스라엘 자손을 주 곧 그들의 하나님께로 많이 돌아오게 하겠음이라.
> _누가복음 1:16

이것은 말라기가 말하는 선지자의 역할과도 일치한다. 선지자는 사람의 마음을 하나님의 법도와 지혜로 돌이키는 일을 한다. 이는 성경에 나오는 거의 모든 선지자의 메시지에서 공통적으로 볼 수 있다. 그것은 메시지의 박동과도 같은 것인데 메시지의 핵심은 "너의 온 마음을 다해서 주님께로 돌아오라"는 말로 요약된다. 말하는 어조나 배경, 긴장감의 정도는 다를지라도 모든 선지자는 하나님의 백성이 주님께로 돌아오고 주님의 법도를 따르는 것을 보고 싶은 열정으로 불타오른 사람들이다.

많은 사람을 하나님께 돌이키는 자들

이 선지자들의 주목적은 백성을 향한 하나님의 마음을 선포하고, 백성의 마음을 찌름으로써 하나님의 법도로 돌아오게 하는 것이었다. 이것이 이스라엘과 유다로 보내심을 받은 하나님의 모든 선지자의 목적이었다는 사실에 주목하라. 이 목적을 성취하기 위해서 그들은 미래에 성취될 일을 말하거나 개인적인 말씀을 전했을 수도 있다. 그러나 그런 것은 부수적인 요소이며, 핵심 사역을 수행하는 보조 수단이었다.

이러한 사실을 확증해 주는 말씀들을 검토해 보자.

너와 네 자손이 네 하나님 여호와께로 돌아와 내가 오늘 네게 명령한 것을 온전히 따라 마음을 다하고 뜻을 다하여 여호와의 말씀을 청종하면. _신명기 30:2

사무엘이 이스라엘 온 족속에게 말하여 이르되 만일 너희가 전심으로 여호와께 돌아오려거든 이방 신들과 아스다롯을 너희 중에서 제거하고 너희 마음을 여호와께로 향하여 그만을 섬기라 그리하면 너희를 블레셋 사람의 손에서 건져내시리라. _사무엘상 7:3

너는 내게로 돌아오라 내가 너를 구속하였음이니라. _이사야 44:22

여호와께서 이르시되 이스라엘아 네가 돌아오려거든 내게로 돌아오라 네가 만일 나의 목전에서 가증한 것을 버리고 네가 흔들리지 아니하며. _예레미야 4:1

우리가 스스로 우리의 행위들을 조사하고 여호와께로 돌아가자. _예레미야애가 3:40

그런즉 너는 이스라엘 족속에게 이르기를 주 여호와의 말씀에 너희는 마음을 돌이켜 우상을 떠나고 얼굴을 돌려 모든 가증한 것을 떠나라.
_에스겔 14:6

오라 우리가 여호와께로 돌아가자. _호세아 6:1

여호와의 말씀에 너희는 이제라도 금식하고 울며 애통하고 마음을 다하여 내게로 돌아오라 하셨나니. _요엘 2:12

여호와께서 이스라엘 족속에게 이와 같이 말씀하시기를 너희는 나를 찾으라 그리하면 살리라. _아모스 5:4

그러므로 너는 그들에게 말하기를 만군의 여호와께서 이처럼 이르시되 너희는 내게로 돌아오라 만군의 여호와의 말이니라 그리하면 내가 너희에게로 돌아가리라 만군의 여호와의 말이니라. _스가랴 1:3

만군의 여호와가 이르노라 너희 조상들의 날로부터 너희가 나의 규례를 떠나 지키지 아니하였도다 그런즉 내게로 돌아오라 그리하면 나도 너희에게로 돌아가리라. _말라기 3:7

여호와께서 각 선지자와 각 선견자를 통하여 이스라엘과 유다에게 지정하여 이르시기를 너희는 돌이켜 너희 악한 길에서 떠나 나의 명령과

> 율례를 지키되 내가 너희 조상들에게 명령하고 또 내 종 선지자들을 통하여 너희에게 전한 모든 율법대로 행하라 하셨으나. _열왕기하 17:13

우리는 종종 하나님이 사소하게 여기시는 것을 중요하게 여기고, 하나님이 중요하게 여기시는 것을 사소하게 여김으로써 미혹에 빠지거나 잘못된 길로 들어서기도 한다.

오늘날 예언 사역은 개인적인 예언을 말하거나 미래를 예언하는 것과 같은 부수적인 것에 초점이 맞추어져 있는 것처럼 보인다. 한 걸음 뒤에서 성경의 전체적인 그림을 보지 않고, 제한적이며 특정한 성구들로부터 선지자에 대한 개념을 끌어냈기 때문이다. 선지자에 대한 잘못된 견해는 교회를 미혹 앞에 무방비 상태로 내몰았다. 가짜이거나 불완전한 예언이 진짜보다 더 쉽게 받아들여지게 된 것이다.

미국 전역과 전 세계를 여행하면서, 예언 사역자를 마치 점치는 사람인양 여기는 수많은 목회자와 성도들을 보면서 마음이 아팠다. 내가 설교를 시작하기 전에 이렇게 질문하는 지도자들이 많았다. "예배가 끝난 다음에 사람들에게 개인적인 예언의 말씀을 주실 건가요?" 그들의 어조에서 '네' 라는 대답을 원한다는 것을 알 수 있었다. 다른 연사들도 "예언의 말씀을 전했고" 사람들이 그것을 좋아했으며, 나도 그것과 비슷하게 해 주기를 원한다는 암시였다. 그들은 녹음할 녹음기도 준비되었다고 했다.

이러한 태도에는 내가 원하는 대로 예언의 기름 부음을 할 수도 있다는 전제가 깔려 있다. 하지만 대언자는 자신이 무엇을 말한 것인지를 스스로 결정하지 못한다. 그는 단지 종이요, 대변인일 뿐이다. 성경은 예언의 은사에 대해서 이렇게 말한다. "이 모든 일은 같은 한 성령이 행하사 그의 뜻대로 각 사람에게 나누어 주시는 것이니라"고전 12:11. 예언은 내가 원하는 대로 하는 것이 아니다.

어떤 목회자는 내가 주일 예배를 두 번 인도한 다음에, 내게 와서 불만을 털어놓았다. "개인적인 예언을 전혀 주지 않으시니까, 내일 얼마나 많은 사람들이 다시 올지 모르겠네요." 성령께서 사람들을 끌어모으는 점쟁이가 되셨단 말인가? 이 예배는 하나님께서 나에게 사람들의 불순종을 다루라고 말씀하셨던 경우였다. 그것은 전하기도 쉽지 않을 뿐더러 듣기에는 더더욱 어려운 메시지였다. 그는 이로 인해 긴장과 갈등을 느껴서 불편해했다. 그는 모든 이에게 격려의 말을 전해 주는 예언 사역에 익숙해져 있었던 것이다.

내가 그 교회에서 불순종에 대한 메시지를 전한 지 2년이 채 못된 시점이었다. 그 교회 부목사들 중에서 예언 사역자로 알려진 한 사람이 교회를 분열시킨 후, 많은 사람을 데리고 나가 그리 멀지 않은 곳에서 "새로운 사역"을 시작했다. 그는 이전에 교회를 방문했던 많은 '선지자들'과 외부 컨퍼런스의 설교자들에게서 여러 차례 '좋은 말씀'을 받았던 사람이었다. 그러나 사실 그는 (다윗의 아들이었지만 아버지에게 반역을 일으켰던) 압살롬과 같은 마음을 지녔던 것이다. 그는 담임 목사와의 관계를 다 끊었고, 공공연히 담임 목사를 비판했다. 몇 년 후에 내가 그 교회를 다시 방문해서 담임 목사를 권면했지만,

슬프게도 이미 돌이킬 수 없는 피해를 입은 후였다.

　사람들이 들어야 할 말씀 대신에 그들이 듣고 싶어 하는 것을 들려주면 교회는 약해진다. 그렇게 되면 사람들은 은사와 그 나타나는 현상들에 마음을 쏟게 되면서 하나님의 성품대로 살아가는 삶은 점점 외면해 버린다.

　하나님은 말세에 세례 요한의 때와 같은 예언 사역을 일으키실 것이다. 세례 요한이 그랬던 것처럼 선지자들을 보내셔서 하나님의 백성을 부르시고 경고를 주실 것이다. 이 선지자들은 백성들의 변화를 촉구하며, 그들의 주요 임무는 하나님 백성의 마음을 다시 아버지께로 돌이키는 것이다. 그들의 메시지에는 죄에 대한 강력한 자각이 있고, 그 말씀은 그렇게 "듣기 좋은" 말은 아닐 수도 있다. 그들의 설교는 마치 망치가 돌을 깨부수듯 우리의 굳어 버린 마음을 때릴 것이다. 그들은 모든 권위로써 명령하고, 책망하며, 바르게 하고, 권고할 것이지만, 그 말씀에는 하나님과 백성을 향한 사랑의 마음이 가득할 것이다.

　그들의 말은 마치 칼이 마음을 찌르듯이 어떤 이들의 마음을 찔러서 그 마음의 생각을 드러낼 것이다눅 2:35. 마음속에 이익과 탐욕이 가득한 자들은 그들의 말을 격렬하게 비난할 것이며, 진리를 사랑하는 자들의 마음은 그들과 똑같은 열정으로 불타오를 것이다.

　이런 선지자들은 사람의 환호성이나 보상을 구하지 않는다. 그들은 오직 사람을 자유케 하는 진리를 충성되게 전하고 싶을 뿐이다.

그들은 돈에 매수되지 않는다. 왜냐하면 상 주시는 분이 누구인지를 알기 때문이다. 권력과 인기와 돈이 그들의 메시지에 영향을 미칠 수 없다.

그들은 하나님의 말씀을 전하는 엘리야 선지자들이다. 그들이 전하는 말씀에는 하나님의 거룩한 불이 일렁이고 있으며, 잘 조준된 미사일처럼 사람의 마음을 명중시킬 것이다. 그들의 스타일이나 격렬함의 정도는 각기 다를지라도, 모두는 엘리야 선지자의 길을 걸을 것이다.

나는 그런 사역을 많이 경험했다. 어떤 이들은 큰 소리로 선포했고, 어떤 이들은 조용하게 말했다. 그들의 메시지는 나의 숨겨진 죄를 끊임없이 폭로했고, 나는 끝까지 자리를 뜰 수 없었다. 때때로 나는 두려움에 떨었지만, 내 마음은 더욱 예수님을 갈구했다. 그 모든 예언에서 공통되는 사실은 그들이 전한 모든 말씀이 내 마음의 과녁을 명중시킨 화살과 같았다는 점이다. 예배 후에 나는 지체 없이 조용한 곳을 찾아서 메시지를 주신 주님을 찾았다. 나는 주님께서 정말 신선하고 새로운 방법을 통해서 나를 거룩함으로 부르시는 것을 경험했다.

"주께서 이같이 말씀하시되…"

우리는 자신에게 익숙한 방식으로 예언하는 사람만을 선지자라고 생각하는 잘못을 범한다. 선지자는 예배에서 "주님이 이렇게 말씀하셨습니다…"와 같은 말을 하지 않을 수도 있다. 그런 표현을 쓰지 않더라도, 모든 메시지에 하나님의 지혜와 지식이 담겨 있을 수 있다.

세례 요한이 "주께서 이같이 말씀하시되"라고 말했다는 기록은 어디에도 없다. 또한 그는 많은 사람에게 말씀을 전하면서, 개인적인 예언도 하지 않았다. 세례 요한은 바리새인의 스타일을 따르지도 않았다. 그는 단지 두 그룹을 향해서만 예언의 말씀을 전했다. 먼저 세리들에겐 "부과된 것 외에는 거두지 말라"눅 3:13고 했고, 군인들에게는 "사람에게서 강탈하지 말며 거짓으로 고발하지 말고 받는 급료를 족한 줄로 알라"눅 3:14고 말했다.

오늘날의 예언과는 얼마나 다른가! 우리는 집회에서 이런 말을 흔히 듣는다. "주께서 이같이 말씀하시되, '내가 너에게 남편감을 보내 주리라. 그는 한 손에는 돈을 들고, 다른 손에는 사역을 들고 있을 것이다.'" 또는 "하나님께서는 네가 일하는 것을 원치 않으신다. …다른 사람들로 하여금 네게 돈을 주게 하실 것이다."

단지 예를 들기 위해 지어낸 말들이 아니다. 여러 집회에서 내가 개인적으로 아는 사람들에게 실제로 '주어진' 말들이다. 사람들은 이런 말들을 좋아할지 모르지만, 과연 이런 말들이 성경적일까? 그들로 하여금 하나님 앞에서 바로 살도록 도와주는 말일까? 아니면 자기 자신에게로 다시 초점을 맞추게 하는 것일까?

세례 요한은 "주께서 이같이 말씀하시되…"와 같은 말을 앞세워서 듣기 좋은 개인적 예언을 하지 않았다. 사실, 오늘날의 정의로 보면 교회는 세례 요한을 어떤 사역자로 분류해야 할지 어려움을 느낄 것이다(바리새인들은 사람을 범주화시키기 좋아한다). 그는 아마 복음 전도자로는 인정받을지라도, 선지자로는 평가받지 못할 것이다. 우리가 선지자의 직분을 미래 일에 대한 예언이나 개인적 예언과 같은 부수적인 것에 제한시키면, 정작 하나님께서 우리에게 주시는 말씀을 놓치게 된다.

예수님의 사역과는 너무도 다른 오늘날의 예언 사역

이렇게 말하는 사람도 있다. "세례 요한은 구약의 선지자였습니다. 그의 사역을 오늘날 우리에게 적용할 수는 없습니다." 만약 그 말이 사실이라면, 왜 하나님은 책 한 권을 구약으로 더하시고 그것을 "세례 요한"이라고 부르지 않으셨을까? 마가복음의 서술을 들어 보라.

> 하나님의 아들 예수 그리스도의 복음의 시작이라 선지자 이사야의 글에 보라 내가 내 사자를 네 앞에 보내노니…. _마가복음 1:1-2

그 사자가 바로 세례 요한이었다. 그의 사역은 분명히 '예수 그리스도의 복음의 시작'과 연관되어 정의할 수 있었다. 그는 사복음서에 모두 언급된다. 나중에 예수님은 이렇게 극명하게 말씀하셨다. "율법과 선지자는 요한의 때까지요"눅 16:16.

또한 마태복음 11장 12-13절도 보자. "세례 요한의 때부터 지금까지 천국은 침노를 당하나니 침노하는 자는 빼앗느니라 모든 선지자와 율법이 예언한 것은 요한까지니." 예수님은 천국의 시작점이 세례 요한의 사역에서부터라고 말씀하신다.

사람들은 또 이런 질문을 던진다. "어떻게 세례 요한이 예언 사역의 모델이 될 수 있나요? 신약에서 말하는 예언은 '덕을 세우며 권면하며 위로하는 것'고전 14:3-4이 아닌가요?" 그 질문에 대답하기 위해 다시 성경으로 돌아가 하나님께서 세례 요한의 예언에 대해 어떻게 말씀하셨는지 살펴보자.

요한의 예언에 대해서는 누가복음에 가장 자세히 기록되어 있다. 그의 말을 듣거나 세례를 받기 위해 나온 사람들에게 요한은 이렇게 말했다. "독사의 자식들아 누가 너희에게 일러 장차 올 진노를 피하라 하더냐"눅 3:7. 그리고 이어서 회개에 합당한 열매를 맺지 않으면 찍혀서 불에 던져질 것이라고 경고했다. 예수께서 손에 키를 들고 자기의 타작마당 즉, 이스라엘의 집을 정하게 하시기 위해서 오실 것이기 때문이다눅 3:17. 여러분은 이런 예언의 말씀을 '덕을 세우는' 말씀이라고 하겠는가? 이 말씀이 듣는 이에게 위로와 권면을 준다고 생각하는가? 아마 대부분은 "아니요!"라고 할 것이다. 그러나 하나님은 그 말씀을 어떻게 보시는지 살펴보자.

> 또 그 밖에 여러 가지로 '권하여' 백성에게 좋은 소식을 전하였으나.
>
> _누가복음 3:18

하나님은 요한의 예언 또는 설교를 권면으로 분류하셨다. 이것은 우리가 오늘날 권면의 설교라고 부르는 것과는 달랐다. 이사야도 요한의 사역에 대해 이야기한 바 있는데, 그는 권면이라고 부르는 대신 위로라고 했다 사 40:1-3.

덕을 세우는 것과 권면과 위로에 대한 우리의 견해가 왜곡되어 있었음을 인정하는가?

증거가 더 필요하다면, 요한계시록 2~3장에 나오는 일곱 교회에 대한 예수님의 예언의 말씀을 보라. 주님은 한 교회에게 만약 회개하지 않으면 주님의 입에서 토해 버리겠다고 하셨다 계 3:16. 얼마나 많은 이가 이 예언을 위로의 말씀으로 보겠는가?

주님은 다른 교회에 대하여 이렇게 말씀하셨다. "내가 네 행위를 아노니 네가 살았다 하는 이름은 가졌으나 죽은 자로다" 계 3:1. 이 말씀을 덕을 세우는 말로 보는 사람은 많지 않을 것이다. 주님은 이어서 말씀하셨다. "너는 일깨어 그 남은 바 죽게 된 것을 굳건하게 하라 내 하나님 앞에 네 행위의 온전한 것을 찾지 못하였노니 그러므로 네가 어떻게 받았으며 어떻게 들었는지 생각하고 지켜 회개하라 만일 일깨지 아니하면 내가 도둑 같이 이르리니 어느 때에 네게 이르는지 네가 알지 못하리라" 계 3:2-3. 이러한 예수님의 말씀은 오늘날 우리가 생각하는 예언의 모습과 엇비슷한가?

또 다른 교회에게 주님은 이렇게 말씀하셨다. "그러므로 어디서 떨어졌는지를 생각하고 회개하여 처음 행위를 가지라 만일 그리하지 아니하고 회개하지 아니하면 내가 네게 가서 네 촛대를 그 자리에서 옮기리라" 계 2:5. 촛대는 교회를 상징한다. '그 자리에서' 촛대를 옮기는 것은 주님의 임재로부터 멀어지는 것을 의미한다. 그들이 만약 회개하지 않는다면, 아무리 예배를 계속 드리고 기도회에 참석하고 예언자 집회를 열고 다른 많은 일들로 바쁠지라도 주님의 거룩한 임재는 이미 그들을 떠난 것이다.

다른 두 교회를 수고했다고 칭찬하신 다음에, 주님은 또 한 교회를 경고하셨다. "그러나 네게 두어 가지 책망할 것이 있나니" 계 2:14. 그리고 그 교회의 잘못을 바로잡으셨다. 또 다른 교회에게는 이렇게 말씀하셨다. "그러나 네게 책망할 일이 있노라." 그리고 그들의 잘못을 일러 주셨다 계 2:20.

이상이 일곱 교회에게 주신 일곱 예언 중 다섯 예언이다. 이 메시지들은 역사적인 기록이면서, 동시에 주 예수 그리스도의 재림을 기다리는 모든 교회에게도 적용되는 말씀이다. 오늘날 우리의 예언자 집회와 세미나, 예배에서 일어나는 일들은 예수님과 세례 요한의 예언 메시지와는 너무나 거리가 멀다. 우리가 다른 모범을 따랐던 것은 아닐까? 우리가 예레미야와 에스겔 시대의 거짓 선지자처럼 되어 버린 것은 아닐까?

우리에게는 자기가 듣고 '싶은' 말이 아니라 '들어야만' 하는
하나님의 말씀을 그대로 들을 귀가 필요하다.

chapter. 5
예언의 오염

몇 해 전, 기도 중에 하나님께 이렇게 물어본 적이 있다. "주님, 교회에게 주시는 당신의 말씀이 무엇인지요?" 즉시 성령께서 이렇게 말씀하셨다. "예레미야 23장 11절." 나는 그 구절의 내용이 무엇인지 확실히 알지 못했기 때문에 성경을 찾아보았다.

여호와의 말씀이니라. 선지자와 제사장이 다 사악한지라. 내가 내 집에서도 그들의 악을 발견하였노라.

이 구절을 잠시 생각해 보면서 당혹감을 느꼈지만, 부끄럽게도 나는 이 구절에 대한 주님의 명확한 메시지가 무엇인지 더 이상 여쭈어 보지 않았다. 그 의미를 이해하지 못했기 때문에 아마도 하나님의 메시지가 아닐 거라고 생각한 것이다. 그래서 그것은 그대로 내버려 둔 채, 다른 시급한 문제들에 대해서 기도를 계속했다.

한 달쯤 후에, 나는 기도 중에 같은 질문을 드렸다. 다시 이렇게 말씀하셨다.

"예레미야 23장 11절."

나는 한 달 전에 있었던 일에 대해서는 기억을 했지만, 그 구절까지 기억하지는 못했다. 그 구절을 다시 찾아보았을 때, 한 달 전에 주신 것과 같은 말씀인 것을 알고는 놀랐다. 두 번째 일어난 일이었기 때문에 나는 더욱 주의를 기울였다. 그 장 전체를 주의 깊게 읽었고, 특정 구절의 히브리어 단어들을 연구했지만, 그 안에 담긴 주님의 뜻을 찾는 데는 또다시 실패하고 말았다. 나는 그 메시지에 담긴 그분의 뜻이 정확히 무엇인지 찾아낼 만한 인내심이 없었던 것이다.

다시 몇 주가 지났고, 다시 한 번 기도 중에 성령님이 하시는 말씀을 들었다.

"예레미야 23장 11절을 읽으라."

이번에는 그 구절을 기억해 냈다. 나는 '지난번과 똑같은 구절이잖아'라고 생각했다. 하지만 세 번째로 그 구절을 보았을 때, 나는 떨고 있었다. 바로 그 순간부터 나는 하나님께서 이 말씀을 통해 우리에게 말씀하시려는 것이 무엇인지를 깨닫기 위해 부지런히 그분의 얼굴을 구하기 시작했다.

선지자와 제사장이 다 사악하다

나는 예레미야 23장 전체가 가짜 예언 사역을 다루고 있다는 사실을 깨달았다. 예레미야가 말하는 대상은 비록 이스라엘이었지만, 그가 말하는 예언의 경고는 오늘날 우리에게도 동일하게 해당된다. 이 말씀을 보면 더욱 분명해진다. "너희가 끝날에 그것을 완전히 깨달으리라" 렘 23:20.

예레미야는 그의 메시지를 이렇게 시작한다. "선지자들로 인하여 내 안에 있는 내 마음이 상하며…" 렘 23:9, KJV. 그가 언급하는 선지자들은 거짓 신이나 거짓 우상을 섬기는 선지자가 아니었다. 이들은 이스라엘의 선지자였고, 여호와의 이름으로 말하는 자들이었다. 그들은 잘 알려진 사람들이었고, 사람들의 환영을 받았지만 하나님은 이들에 대해 탄식하셨다. "내 집에서도 그들의 악을 발견하였노라" 11절. 이것이 예레미야의 마음을 찢어 놓았다.

오늘날도 이와 다르지 않다. 참된 예언의 말씀을 이해하는 사람들은 이런 예레미야의 슬픔에 쉽게 공감한다. 사람들을 슬프게 만드는 것은 손금을 보고 타로 카드를 읽거나 별점을 치는 거짓 선지자들이 아니다. 오히려 우리의 교회와 컨퍼런스 안에서 예수님의 이름으로 사역을 하는 자들이 의인들의 마음을 찢어 놓는다. 그들이 통탄하는 이유는 그 사역이 주님의 이름으로 행해지지만, 성령께서 하시는 일이 아니기 때문이다.

우리는 이렇게 물어야만 한다.

"예레미야가 보고 그토록 슬퍼했던 것이 무엇인가?"

그 대답은 주님께서 반복적으로 나에게 보여 주셨던 그 성경 말씀에 있다.

"선지자와 제사장이 다 사악한지라."

'사악하다^{profane}'는 말의 뜻을 더 분명히 파악하려면 원어를 살펴보아야 한다. 그것은 히브리어로 '하네프^{chaneph}'인데, "욕되게 된, 더럽혀진, 오염된 또는 부패한"이란 뜻이다. 이 말은 구약에 열 번 나타나는데, 새흠정역^{NKJV}에서는 한 번만 '사악한^{profane}'으로 번역되었고, 대부분은 '오염된^{polluted}' 또는 '더럽혀진^{defiled}'으로 옮겼다. 이 두 단어가 그 뜻을 가장 잘 설명해 주고 있다.

어떤 것을 오염시키거나 더럽힌다는 것은 순수한 것이 혼합물이 되는 것이다. 예를 들면, 깨끗한 물 5갤런(약 18.9리터)은 마시고, 음식을 만들고, 간단히 씻기에 적합한 양이다. 그러나 거기에 염화수소산 1쿼트(약 1리터)를 섞으면, 그 물은 사용할 수 없게 된다. 비록 95 퍼센트 이상은 여전히 물이지만 그 혼합 용액은 단 1온스(약 28그램, 극히 소량을 의미함)도 사용할 수 없다. 적은 양의 산이 물 전체를 오염시켰기 때문이다.

원래 깨끗했던 5갤런의 물은 이제 마시면 죽음에 이르고, 음식을 만들기에도 독성이 너무 강하며, 목욕물로 쓰기에도 해로운 그런 상태로 변해 버렸다. 그리고 육안만으로는 그 상태를 구별할 수 없다! 그 혼합 용액도 여전히 겉으로는 깨끗한 물처럼 보이기 때문이다. 이런 사실은 우리 정신을 번쩍 들게 한다.

예레미야는 이렇게 말한다. "그들의 행위가 악하고 힘쓰는 것이 정직하지 못함이로다"(10절). 하나님이 그들에게 주신 능력과 은사가 오염되었다는 뜻이다. 그렇게 잘못 사용되는 은사를 분별해 내기란 쉬운 일이 아니다. 선지자 에스겔도 이에 대하여 많은 선지자들에게 경고하여 예언하라는 말씀을 받았다. 그가 받은 말씀은 예레미야의 진술을 명확히 이해하는 데 도움이 된다.

> 여호와의 말씀이 내게 임하여 이르시되 인자야 너는 이스라엘의 예언하는 선지자들에게 경고하여 예언하되…. _에스겔 13:1-2

에스겔에게 주신 하나님의 메시지는 이스라엘의 선지자를 위한 것이었으며, 바알 선지자나 다른 이방 종교의 선지자에게 주는 말씀이 아니었다. 이 이스라엘의 선지자들은 주님의 이름으로 예언했다. 오늘날에도 수많은 예언 사역의 물결로 넘쳐 나고 있으며, 그들은 많은 문제들을 언급하고 있다. 그러나 이 모든 말이 하나님의 진정한 영감의 말씀일까? 에스겔과 예레미야의 시대에는 그 말들이 혼합되었다는 것을 알 수 있다.

> …자기 마음대로 예언하는 자에게 말하기를 너희는 여호와의 말씀을 들으라. _에스겔 13:2

이 선지자들이 '자기 마음대로 예언' 한다고 말씀하신 것을 유의

하라. 나의 새흠정역$^{NKJ\ Bible}$ 성경에는 마음^{heart}이라는 단어에, 영감^{inspiration}이라는 말로도 번역될 수 있다는 관주가 달려 있다. 새 미국 표준판^{NASV}은 이 구절을 이렇게 번역한다. "자기 영감대로 예언하는 자에게 말하기를 너희는 여호와의 말씀을 들으라"$^{역자\ 번역}$. 따라서 그들은 영감에 의해 예언했지만, 그것은 자기 스스로 만들어낸 영감이었다는 사실에 주목해야 한다. 주님이 주시는 영감이 아니었던 것이다.

오염된 예언은 이렇게 위험하다

다음에 소개하는 사례는 이런 원리를 뼈아프게 예증한다. 몇 년 전 일요일 아침, 미 서부의 한 교회 집회에서 이런 일이 있었다.

개인적으로 이 도시는 첫 방문이었다. 담임 목사와는 두어 번 잠깐 이야기한 것이 전부였는데 한 번은 전화를 통해서였고, 한 번은 나를 맞이하러 공항으로 나왔을 때였다. 나는 설교 전에는 교회의 여러 형편에 대해 이야기하지 않는 것을 원칙으로 삼고 있었다. 이런저런 식으로 부정확한 영향을 받지 않기 위해서였다. 이 원칙은 계속해서 성령께 예민하게 반응하는 데 도움을 준다. 나는 이 교회의 담임 목사나 부목사들과도 같은 원칙을 지켜 나갔다.

첫 예배를 준비하면서, 평소에 주일 아침에 하던 대로 설교를 준비했다. 나는 평소에 교회 안의 잃어버린 양 즉, 믿는다고 고백은 하지만 여전히 자신을 위해 사는 이들에게 관심이 많다. 그런데 그 날 아침 찬송을 부르면서 마음에 불편함을 느꼈다. 이 교회의 영적인 기류 속에 무언가가 잘못되었다는 것을 알게 된 것이다. 점술^{divination}이나 거짓 예언이 교회에 영향을 미쳤을 때 맞닥뜨리게 되는 그런 느낌이었다. 나는 무언가가 이 교회를 휩쓸고 지나갔다는 것을 느꼈다.

하나님은 내게 이런 말씀을 반복하셨다. "잘못(죄)에 대해서 다루어라."

그래서 나는 하나님께 가르쳐 달라고 여쭈었다. "어디에서 시작해야 합니까?"

그러자 주님은 이렇게 말씀하셨다. "에스겔 13장을 읽는 것부터 시작해라."

나에 대한 소개가 끝난 후, 나는 즉시 회중에게 에스겔 13장을 펼치라 했고 거기서 설교를 시작했다. 나는 오늘날 아무런 제재도 받지 않고 교회를 휩쓸고 있는 거짓 예언 사역을 대적했다. 나는 이 선지자들이 영감으로 이야기하지만, 사실은 성령님의 영감이 아니라는 점을 집중적으로 설교했다. 설교를 하는 동안 나는 그들의 생각 속에 있는 견고한 진들이 공격받는 것을 알 수 있었다. 또한 교회의 지도자들이 열심히 듣고 있는 것을 볼 수 있었다.

예배가 끝난 후, 목사와 사모와 함께 점심을 먹으러 갔다. 우리끼리만 있게 되자 목사는 곧 이렇게 털어놓았다. "우리에게 정말 꼭 필요한 말씀이었습니다. 우리의 상황에 얼마나 꼭 맞는 말씀이었는지 모르실 겁니다."

나는 대답했다. "더 말씀해 주세요. 제가 평소에 주일 아침에 자주 하는 설교는 아니었습니다."

목사는 자세하게 설명했다. "우리 교회에 와서 설교하는 선지자가 있었는데요, 그 열매는 참혹했습니다. 우리 교회의 한 부부에게 일어난 일에 대해서 말씀드리지요."

그는 한 부부의 비극적인 이야기를 털어놓기 시작했다. 그들은 세계적으로 알려진 동부의 한 복음 전도자 밑에서 함께 일하고 싶어 했다. 특히 그 아내가 더욱 절실하게 원했다. 그 복음 전도자가 인근 지역에 오기만 하면 부부는 가능한 모든 집회에 참석했고, 어떻게든 그와 연결이 되기를 바랐다.

그러던 중에 이 교회 담임 목사가 교인들에게 말씀을 들려주기 위해 한 선지자를 초청했다. 그는 이 교회에 온 적이 없고, 회중들의 어떤 개인적인 상황이나 소원에 대해서도 아는 것이 없었다. 예배가 진행되는 동안, 그는 이 부부를 지목했고, 일어서라고 한 후에 "하나님이 주시는 말씀"을 전했다.

그의 메시지는 대충 이런 내용이었다. "주께서 이같이 말씀하시되, '나는 너희를 치유 사역을 위해 불렀노라. 이 교회에서 너희를 옮겨서 동부로 보낼 것이다. 거기에서 너희는 ○○○의 지도를 받으며 섬기게 될 것이다(그는 그들이 열망했던 복음 전도자의 이름을 거명했다). 그는 자신을 너희에게 쏟아부을 것이며, 거기에서 나는 너희를 그의 제자로 만들어 치유 사역을 위해 준비시킬 것이다. 수습 기간이 지나면 그는 너희를 사역지로 내보낼 것이며, 내가 너희를 이곳으로 다시 돌아오게 해서 강력한 치유 사역을 시작할 것이다."

목사가 말했다. "존, 그 부부는 기쁨과 놀라움으로 눈물을 흘렸습니다. 교인 중에서도 그들이 이 복음 전도자를 위해 일하기 원한다는 것을 알던 사람들은 그 예언의 정확성에 놀라움을 금치 못했지요. 나와 아내를 제외한 교회의 거의 모든 사람들이 흥분했습니다. 하지만 우리는 무언가 잘못되었다는 것을 알았지요."

왜 그랬을까? 목사와 사모는 이 부부를 잘 알고 있었기 때문이다. 그들은 이전에 그들과 여러 시간 상담을 했다. 또한 이 부부가 사역에 대해 지나친 환상이 있다고 염려했다. 그들은 사람들을 돌보는 것 자체보다는 그 일에 따라오는 사람들의 환호에 더 관심이 있었다.

남편은 마침내 직장을 그만두었고, 그들은 동부로 떠났다. 그 복음 전도자의 측근 중 한 사람을 만나 어떤 식으로든 그 사역에 동참하고 싶다고 이야기했다. 그러나 측근은 그들에게 감사를 표했지만, 어떤 사역의 자리도 제공하지 않았다. 그들은 기회가 열리기를 기다렸지만, 시간이 흐른 후에는 큰 실망을 안고 집으로 돌아올 수밖에 없었다. 아무 일도 일어나지 않은 것이다. 물려받았던 상당한 양의 유산도 생계를 위해 다 써 버렸고, 결국 살던 집도 넘어가고 말았다.

목사는 나를 쳐다보며 말했다. "제가 생각하는 이 사건의 전말을 알고 싶으신가요?"

내가 대답했다. "네!"

"이 선지자는 그들의 마음을 읽었던 것 같습니다. 그들이 어떤 말을 듣고 싶어 하는지, 그 욕망을 읽어 준 것이지요. 그러나 그것은 하나님이 말씀하신 것은 아니었습니다."

나는 그 말에 동의하며 이렇게 말했다. "그런 일은 교회 안에서 흔히 일어납니다. 내가 오늘 아침에 설교를 통해 말하려고 했던 것이 바로 그것이지요."

최근에 그 목사는 나에게 이 부부가 이혼했다는 사실을 알려 주었다. 아내는 동부로 가서 어떤 사역을 위해 일하고 있지만, 그 복음 전도자와는 전혀 상관없는 일을 하고 있으며 남편은 완전히 망가진 채로 여전히 서부에서 살고 있다고 했다.

하나님은 에스겔을 통해 이렇게 말씀하신다.

> 너희가 말하기는 여호와의 말씀이라 하여도 내가 말한 것이 아닌즉. _에스겔 13:7

하나님께서 말씀하시지 않았음에도 불구하고 "주께서 말씀하시기를"이라고 말하는 것은 명백히 제3계명을 범하는 것이다. 그는 주님을 경외하지 않는 사람이다.

너는 네 하나님 여호와의 이름을 망령되게 부르지 말라 여호와는 그의

이름을 망령되게 부르는 자를 죄 없다 하지 아니하리라. _출애굽기 20:7

하나님은 예레미야를 통해서 이런 사악한 선지자들을 다음과 같이 꾸짖으셨다.

내가 그들에게 이르지 아니하였어도 예언하였은즉. _예레미야 23:21

하나님의 음성 제대로 분별하기

바울은 우리가 순수한 예언의 은사를 지녔다면 사람들의 삶을 올바로 분별한다고 말했다. 하나님 앞에서 마음이 바르지 않은 사람이 예배에 참석하게 되면, "그 마음의 숨은 일들이 드러나게 되므로 엎드리어 하나님께 경배"고전 14:24-25한다. 우리는 영적인 존재이며, 다른 이들의 마음을 감지하고 읽을 능력을 키울 수 있다. 만약 우리의 삶에 예언 사역으로의 부르심이 있다면, 사람의 마음을 분별하는 능력이 따라오기 때문이다.

분별이 오직 죄만 드러내는 것은 아니다. 사람의 삶 속에서 경건한 특성도 발견하도록 해 준다. 빌립은 나다나엘을 예수께로 데려갔다. 그들이 오는 것을 보시고 예수님은 이렇게 말씀하셨다. "보라 이는 참으로 이스라엘 사람이라 그 속에 간사한 것이 없도다." 나다나엘이 놀라서 물었다. "어떻게 나를 아시나이까?" 예수께서 대답하셨다. "빌립이 너를 부르기 전에 네가 무화과나무 아래에 있을 때에 보았노라"요 1:45-48 참고. 주님은 분별을 통해서 그의 마음과 영혼을 엿보신 것이다.

또한 바울은 이렇게 말했다. "신령한 자는 모든 것을 판단하나"고전 2:15. "판단하다"에 쓰인 헬라어는 '아나크리노^{anakrino}'인데, 스트롱^{Strong} 헬라어 사전에 의하면 "면밀히 검토하다, 조사하다, 심문하다, 결정하다"란 의미를 지닌다. 이것은 영적인 감각을 가지고 자세히 검토하는 것을 말한다.

바울은 영적으로 성숙한 사람이란 "지각을 사용함으로 연단을 받아 선악을 분별하는 자들"히 5:14이라고 말했다. 예수님을 보라. 그분은 사람의 생각과 의도를 너무나 잘 분별하셨기 때문에 자신을 사람에게 의탁하지 않으셨다. "이는 친히 모든 사람을 아심이요 또 사람에 대하여 누구의 증언도 받으실 필요가 없었으니 이는 그가 친히 사람의 속에 있는 것을 아셨음이니라"요 2:24-25.

하지만 안타까운 사실은 이러한 예언의 은사 또는 분별도 쉽게 오염될 수 있다는 것이다. 은사는 오염된 후에도 어느 정도는 작동하지만, 순수하지 않은 혼합물이 되어 버린다. 예를 들어, 하나님의 마음을 사람들에게 보여 주고, 그들을 그분의 길로 부르는 대신에 사람들의 마음을 읽어 내고, "그들이 듣고 싶어 하는 것을" 말해 주는 식이다.

왜 목회자들이 그런 식으로 변해 가는 것일까? 대답은 간단하다. 사람들에게 인정받고 보상받는 것이 좋기 때문이다. 넉넉한 헌금과 영향력, 자신의 사역에 대한 인정 같은 것들이 보장되기 때문이다. 그렇게 메시지를 변질시키면서도 자신의 동기가 세속적이라는 것을 자각하지 못할 수도 있다. 이에 대해서는 13장에서 더욱 자세하게 살펴볼 것이다.

하나님은 예레미야를 통해 이렇게 탄식하셨다.

> 이 선지자들은 내가 보내지 아니하였어도 달음질하며 내가 그들에게 이르지 아니하였어도 예언하였은즉 그들이 만일 나의 회의에 참여하였더라면 내 백성에게 내 말을 들려서 그들을 악한 길과 악한 행위에서 돌이키게 하였으리라. _예레미야 23:21-22

앞에서 이야기한 서부의 한 부부에게 예언한 목회자가 정말 하나님의 음성을 들었더라면, 그의 메시지는 이 부부의 욕망을 가리고 있던 마음의 휘장을 꿰뚫고 그들의 마음속 장애물들을 드러냈을 것이다. "주께서 이같이 말씀하셨습니다…"라는 말로 포장할 필요도 없었을 것이다. 하나님의 말씀이 임하게 되면, 그 진리가 마음속에 심겨져서 그들의 결혼 생활이 회복될 수 있었다. 하지만 그 부부는 하나님의 음성 대신에 목회자를 통해 자기가 듣고 싶은 말을 받아들이고 그 말에 따라 행동했기 때문에 결과가 좋지 않았다.

참된 하나님의 말씀은 마음속의 숨겨진 동기를 드러내며 우리 삶 속의 이기적인 야망, 분쟁과 시기를 책망하고 궁극적으로 치유를 가져온다.

이미 검증된 하나님의 말씀 위에 자신을 세우라

하나님의 말씀은 살아 있고 활력이 있어 좌우에 날선 어떤 검보다도 예리하여 혼과 영과 및 관절과 골수를 찔러 쪼개기까지 하며 또 마음의 생각과 뜻을 판단하나니 지으신 것이 하나도 그 앞에 나타나지 않음이 없고 우리의 결산을 받으실 이의 눈앞에 만물이 벌거벗은 것 같이 드러나느니라. _히 4:12-13

예수님이 살아 계신 하나님의 말씀이며, 아무것도 그분의 눈으로부터 감춰질 수 없다계 19:12-13. 표면적으로는 하나님의 일에 대한 열정도 있고, 모든 면에서 열심인 사람들이 있다. 하지만 살아 계신 하나님의 말씀 앞에 서 보면 그 마음의 동기와 기초가 그대로 드러난다. 우리에게는 자기가 듣고 '싶은' 말이 아니라 '들어야만' 하는 하나님의 말씀을 그대로 들을 귀가 필요하다.

예수님이 말씀하시는 참된 예언은 양날 선 칼처럼 날카롭다. 한쪽 날은 거룩한 것을 부정한 것으로부터 잘라내고 분리한다. 마리아와 요셉이 팔 일째 되는 날 예수님을 성전으로 데려왔을 때 시므온이 했던 말이 그런 말이었다. "또 칼이 네 마음을 찌르듯 하리니." 예수님의 말씀은 사람들의 마음을 찌르고 구별해 내는 칼과 같을 것임을 예언한 것이다. "이는 여러 사람의 마음의 생각을 드러내려 함이니라"눅 2:35. 이렇게 하는 것은 우리를 부끄럽게 만들기 위한 것이 아니라, 하나님께 순종하지 못하게 만드는 장애물로부터 우리를 구원하시기 위함이다.

칼의 다른 쪽 날은 적의 덫을 물리칠 수 있는 힘과 치유를 가져다 준다. 주님이 아시아의 교회들에게 주신 예언 메시지를 보자. 주께서 그들을 경책하고 바로잡아 주신 다음에는 언제나 다시 세우시고 격려하셔서 마침내 그리스도의 몸 안에서 다시 설 수 있도록 하신다. 이것은 우리를 진정 의義로 다시 세우는 데 꼭 필요한 치유를 가져온다.

하나님이 예레미야를 부르시는 모습을 보면 말씀을 맡은 자들이 어떠한 부르심을 입었는지를 잘 보여 준다.

> 여호와께서 그의 손을 내밀어 내 입에 대시며 여호와께서 내게 이르시되 보라 내가 내 말을 네 입에 두었노라 보라 내가 오늘 너를 여러 나라와 여러 왕국 위에 세워 네가 그것들을 뽑고 파괴하며 파멸하고 넘어뜨리며 건설하고 심게 하였느니라 하시니라. _예레미야 1:9-10

먼저, 이 칼은 뽑고 파괴하며 파멸하고 넘어뜨리는 데 사용된다. 그러나 하나님은 거짓말을 파괴하고 난 다음에 다시 의를 건설하고 심으신다. 다시 세우시기 위해서 파괴하시는 것이다. 집을 새로 짓기 위해서는 먼저 땅을 정지整地해야 한다. 밭에 씨를 뿌리기 위해서는 묵혀 둔 땅을 다시 갈아야 한다. 예언의 칼의 다른 쪽 날은 적절한 기초를 다지는 데 사용되는 것이다. 바울은 에베소 교인들에게 이렇게 말했다. "지금 내가 여러분을 주와 및 그 은혜의 말씀에 부탁하노니 그 말씀이 여러분을 능히 든든히 세우사" 행 20:32.

성경은 흔히 우리의 삶을 집 짓는 과정과 비교한다. 바울은 이렇게 말한다. "너희는…하나님의 집이니라." 그리고 이렇게 경고한다. "그러나 각각 어떻게 그 위에 세울까를 조심할지니라" 고전 3:9-10. 하나님의 참된 예언의 말씀은 인생의 폭풍우에 맞설 수 있도록 우리를 세우고 튼튼하게 하신다.

거짓된 혹은 인간적인 예언도 우리 삶을 세우는 것 같지만, 그것은 확실하지 않은 기초 위에서 그렇게 할 뿐이다. 거짓 예언으로 세워진 사람은 결국에는 무너지게 된다. 그것은 우리의 육체의 욕망 또는 정욕을 만족시키며 사람의 육체와 자랑을 부추긴다. 우리의 삶을 잘 닦여지지 않은 불안정한 기초 위에 두고 세상이 추구하는 잘못된 재료로 집을 짓는 격이다. 잘라 내고 치유하고 튼튼하게 하는 하나님의 찌르는 칼과 달리, 이런 거짓 예언은 사람의 마음속에 있는 잘못된 동기를 만족시킨다.

하나님은 이런 거짓 선지자들을 꾸짖으신다.

> 이렇게 칠 것은 그들이 내 백성을 유혹하여 평강이 없으나 평강이 있다 함이라 어떤 사람이 담을 쌓을 때에 그들이 회칠을 하는도다. _에스겔 13:10

에스겔 시대의 선지자들은 믿지 않는 자들이 추구하는 평화와 번영을 약속했다. 그들의 말은 의로 청중들을 책망하지 않았고, 대신 거짓 희망과 평안으로 그들을 무감각하게 만들었다. 그러나 이런 평안은 잠깐만 지속될 뿐이다.

하나님은 이러한 속이는 말, 듣기 좋은 말을 받아들이는 것은 회칠한 담을 쌓는 것과 같다고 경고하셨다.^{untempered morter, KJV} 웹스터 사전은 'untempered' 라는 단어를 "튼튼하지 않은, 또는 견고하지 않은"이라고 정의한다. 그것은 시험을 견딜 수 없는 것이다. 이런 종류의 말은 인생의 폭풍 가운데서 우리에게 견뎌 낼 수 있는 힘을 주지 못한다.

반면 예수님은 주님의 칼이 육체를 영으로부터 분리할 것이라고 약속하셨다. 예수께서 다음과 같이 말씀하셨다는 사실은 무척 흥미롭다. "내가 세상에 화평을 주러 온 줄로 생각하지 말라 화평이 아니요 검을 주러 왔노라"마 10:34. 이것은 영원한 관점에서 볼 때 우리를 건강하고 온전하게 만드는 것이다.

성경은 이렇게 선포한다. "하나님의 말씀은 다 순전하며"잠 30:5. NASB는 "순전하며^{pure, KJV}"를 "시험을 거쳤으며^{tested}"로 번역했다. 하나님의 말씀은 이미 시험을 통과했다. 우리에게 역경이나 부패에 맞설 수 있는 진정한 힘을 공급한다. 앞으로 다가올 시험, 시련과 환란을 대비하게 한다. 우리로 하여금 죄와 멸망에 맞서 싸울 수 있게 해 준다. 바울은 디모데에게 이렇게 권고했다.

아들 디모데야 내가 네게 이 교훈으로써 명하노니 전에 너를 지도한 예언을 따라 그것으로 선한 싸움을 싸우며 믿음과 착한 양심을 가지라 어

떤 이들은 이 양심을 버렸고 그 믿음에 관하여는 파선하였느니라. _디모
데전서 1:18-19

이 싸움은 자기 욕망을 만족시키기 위한 싸움이 아니다. 그것은 하나님과 사람을 향한 믿음과 선한 양심을 지키기 위한 싸움이다. 하나님의 나라가 임하는 것을 보기 원하는 싸움이다. 따라서 예언은 우리의 마음으로 하여금 하나님과 그분의 법도를 향하도록 해야 하며, 우리의 육적인 욕망을 만족시키거나 단지 우리 기분을 좋게 하는 것이어서는 안 된다.

주님의 참된 말씀을 접하게 되면 진리를 듣고 받아들일 기회가 생긴다. 이것이 진정한 덕을 세우는 것이며 참된 권면과 위로이다. 참된 말씀이야 말로 우리가 시련을 견딜 수 있도록 해 준다. 인생의 폭풍과 시험의 때는 믿는 각자가 삶을 통해 지은 집의 질이 어떠한지를 드러낼 것이다. 폭풍이 몰아치면 시험을 통과하지 않은, 회칠한 인생의 담은 무너질 것이며, "그 기초를 드러낼 것" 겔 13:14이다.

나는 이런 사람들을 너무나 많이 봐 왔다. 그들에게는 사역이나 하나님의 축복에 대한 열정이 있다. 그들은 자신의 흥분을 북돋워 줄 설교나 예언을 듣기 좋아한다. 그러나 폭풍은 그들의 기초가 잘못되었다는 것을 드러낸다. 자신의 삶을 거짓 위에 세웠기 때문이다. 우리에게 진정 필요한 것은 사람의 마음속에 진정한 동기를 드러내고 찌르는 하나님의 예언의 말씀이다. 감춰진 것을 드러냄으로

써 우리는 참되고, 시험을 통과한 하나님의 말씀으로 든든하게 세워질 수 있다.

신약에서 누군가 개인적인 예언을 하는 경우는,
정도를 벗어난 사람을 교정하기 위한 경우가 많다.
또는 예언의 말씀을 통해 다가올 어려움과 싸움을 대비해 힘을 북돋우려는 것이다.

chapter. 6
개인적 예언

최근에는 개인 예언이 점점 더 인기를 얻고 있다. 예를 들면, 누군가의 삶에서 일어났거나 지금 진행 중인 사건이나 상황에 대해 어떤 예언 사역자가 극적으로 그 사실을 드러내면서 예언은 시작된다. 대체로 과거에 거부당한 경험과 같은 마음의 상처인 경우가 많다. 그다음에는 보통, 축복의 말이나 앞으로 하나님이 하실 일에 대한 약속의 선포가 뒤따른다. 반드시 그런 것은 아니지만, 이것이 일반적인 형식이다. 사람들은 종종 이렇게 고백한다. "그분(사역자)이 내게 말씀을 주셨어요."

많은 선지자들은 세미나, 책, 테이프, 컨퍼런스를 통해서 사람들에게 '예언하는' 방법을 가르치기도 한다. 등록비와 한두 번의 주말

강습비를 내면, 당신도 '선지자'가 되거나 적어도 그런 식으로 예언하는 법을 배울 수 있다. 대부분의 예언 집회에서는 개인을 위한 짤막한 오디오 테이프가 지급되고, 사람들은 그렇게 녹음된 자신의 개인적인 예언을 집으로 가져가기도 한다!

이것은 슬픈 현실이다. 그리고 이렇게 된 책임은 우리에게 있다! 사람들은 너무나 절박하게 초자연적인 것에 그리고 예언에 굶주려 있는 나머지, 제대로 된 영적인 판단을 하지 않고 온갖 종류의 예언을 무모하게 받아들인다. 하지만 예수님은 분명하게 말씀하신다. "너희가 사람의 미혹을 받지 않도록 주의하라"마 24:4.

개인적 예언이 진짜인지를 알아보려면 성경 말씀으로 돌아가야 한다. 구체적으로 나는 신약에 나오는 개인 예언을 조금 살펴보고자 한다. 구약과 비교하면 몇 개 되지 않기 때문에, 주요한 예언들을 다 훑어볼 수 있다.

시몬과 안드레

예수께서 시몬과 안드레가 탄 배를 지나가시며 이렇게 말씀하셨다. "나를 따라오라 내가 너희를 사람을 낚는 어부가 되게 하리라."

주님은 이렇게 말씀하지 않으셨다. "나를 따라오라 내가 너희에게 기쁨과 행복을 줄 것이다." 물론 이렇게 말씀하시지도 않았다. "내가 너희에게 부와 번영을 줄 것이다." 개인적인 성취나 성공을 약속하시지도 않았다. 예수님은 결코 천국의 복이나 은혜를 이용해서 사람들을 끌어모으려고 하시지 않았다. 단지 그들을 사람을 낚는 어부로 삼겠다고 약속하셨다 마 4:18-19.

야고보와 요한

야고보와 요한은 예수님께 와서 영광 중에 주님의 좌우편에 앉을 수 있는 특권을 허락해 주시기를 구했다. 그러자 예수님은 자신이 마시는 잔을 그들이 마실 수 있으며 자신이 받는 세례를 그들이 받을 수 있는지 물으셨다. 그들은 확신에 차서 대답했다. "할 수 있나이다."

그러자 예수님은 다음과 같은 예언의 말씀을 그들에게 주셨다. "너희는 내가 마시는 잔을 마시며 내가 받는 세례를 받으려니와 내 좌우편에 앉는 것은 내가 줄 것이 아니라 누구를 위하여 준비되었든지 그들이 얻을 것이니라" 막 10:39-40.

주님이 말씀하신 잔과 세례는 주님이 예루살렘에서 당하시게 될 고난을 상징했다 마 26:42; 눅 12:50; 요 12:23-27. 주님은 자신이 고난 당하신 것처럼 그들도 고난받게 될 것을 예언하셨다. 이것은 이 열성적인 제자들이 듣기에 유쾌한 약속이나 말씀이 아니었다. 그들은 듣고 싶어했던 그런 말씀을 듣지 못했다. 그들은 특권을 기대했지만, 정작 받은 것은 폭탄선언이었다. 제자들은 '무엇을 구하는지 알지 못' 했고, 오히려 고난을 약속받았다 막 10:35-40; 마 20:20-23.

시몬 베드로

예수님은 시몬 베드로에게 이렇게 말씀하셨다. "시몬아, 시몬아,

보라 사탄이 너희를 밀 까부르듯 하려고 요구하였으나." 그리고 이렇게 덧붙이셨다. "그러나 내가 너를 위하여 네 믿음이 떨어지지 않기를 기도하였노니 너는 돌이킨 후에 네 형제를 굳게 하라" 눅 22:31.

예수께서는 이렇게 말씀하시지 않았다. "베드로야, 하나님 아버지께서 이런 일이 네게 일어나지 않게 해 주실 것이다. 그분은 이렇게 말씀하시는구나. '내가 너에게 큰 승리를 안겨 줄 것이며, 모든 사람이 하나님 아버지와 그의 아들을 향한 너의 위대한 사랑을 알게 될 것이다. 이제 너의 사역이 온 세계로 뻗어 나갈 것이다. 너는 지도자 중의 지도자가 될 것이며, 많은 부유한 자들이 너의 사역을 위해서 돈을 기부할 것이다. 내가 너에게 맡긴 이 위대한 일을 위해 들어온 엄청난 재정을 나를 위해 맘껏 쓰도록 도와주겠다…' 할렐루야!"

이것은 굉장한 격려가 될 수 있겠지만, 베드로를 향한 하나님의 말씀은 아니다. 그에게 환난의 때에 견딜 힘을 주지는 못했을 것이다. 비록 베드로가 나중에 지도자 중의 지도자가 되었고, 사람들이 가난한 이들을 위해 그의 발 앞에 돈을 바친 것은 맞지만, 예수님이 그에게 주시는 예언 말씀의 초점은 그게 아니었다.

예수께서 베드로가 부인할 것을 예언하셨을 때, 그는 자신의 충성을 단언하며 반박했다. 그러나 예수님은 그의 열정적인 충성 약속에 대해서 이렇게 대답하셨다. "베드로야 내가 네게 말하노니 오늘 닭 울기 전에 네가 세 번 나를 모른다고 부인하리라" 눅 22:34.

얼마나 강력한 예언의 말씀인가! 왜 예수님은 이렇게 말씀하시지 않았는가? "베드로야, 아버지께서 이렇게 말씀하시는구나. '너는 내 제자 중에 가장 믿음직스럽다.' 나는 네가 결코 나를 배반하지 않으리라는 것을 안단다."

시몬 베드로에 대한 두 번째 예언

부활하신 후에 예수님은 시몬 베드로에게 나타나셔서 이러한 말씀도 주셨다. "내가 진실로 진실로 네게 이르노니 네가 젊어서는 스스로 띠 띠고 원하는 곳으로 다녔거니와 늙어서는 네 팔을 벌리리니 남이 네게 띠 띠우고 원하지 아니하는 곳으로 데려가리라. 이 말씀을 하심은 베드로가 어떠한 죽음으로 하나님께 영광을 돌릴 것을 가리키심이러라 이 말씀을 하시고 베드로에게 이르시되 나를 따르라"요 21:18-19.

예수님은 베드로의 과거를 거론하지 않으셨다. 이런 식으로 말이다. "베드로야, 너는 어렸을 때 부모에게 학대와 혹사를 당했구나. 친구들은 너를 배척했구나. 그러나 이제는 내가 그 상처들을 치료해 줄 것이다. 그리고 이제 너를 높여서 너에게 잘못했던 사람들이 도리어 너에게 와서 네 사역을 섬기도록 해 줄 것이다. 그리고 또한 네가 어려서 당해야 했던 모든 고난으로부터 이제는 자유롭게 살게 될 것이다."

삽비라

교인이었던 삽비라가 남편과 함께 공모해서 성령을 속이려고 거짓말을 한 후에, 그녀에게 개인적인 예언이 주어졌다. 베드로가 그녀에게 말했다. "너희가 어찌 함께 꾀하여 주의 영을 시험하려 하느냐 보라 네 남편을 장사하고 오는 사람들의 발이 문 앞에 이르렀으니 또 너를 메어 내가리라"행 5:1-11.

베드로는 이렇게 말하지 않았다. "주님께서 이렇게 말씀하신다. '너는 내 딸이며, 너에게 한 번 더 기회를 줄 것이다. 네가 말한 것을 다시 한번 생각해 보라. 정말 그런 뜻이었느냐?'"

사도 바울

두로에 있던 바울에게 개인적으로 예언이 주어졌다. 아가보라는 선지자가 와서 바울의 허리띠를 취해서 자기 수족을 잡아매고 이렇게 말했다. "성령이 말씀하시되 예루살렘에서 유대인들이 이같이 이 띠 임자를 결박하여 이방인의 손에 넘겨 주리라"행 21:10-11.

아가보는 이런 식으로 말하지 않았다. "성령이 말씀하시되 예루살렘에서 네 사역을 방해할 사람들이 있겠지만, 내가 그들을 막아서 너를 잡아가거나 감옥에 넣지 못하게 할 것이다."

신약에 나오는 예언의 정형

우리가 살펴본 신약의 예언들은 오늘날 흔히 듣는 유형과는 사뭇 다르다. 요즘에 흔히 "예언 모임이나 컨퍼런스"라고 불리는 집회에 참석할 기회가 있는데, 이런 집회 중에는 많은 사람들을 불러내서 개인적인 예언 말씀을 주는 경우가 많다. 흔히 이런 어구들로 시작한다. "주님이 이렇게 말씀하십니다…" 또는 "하나님이 말씀하십니다…."

그러나 그렇게 이야기하는 모든 말들이 정말 하나님의 입에서 나오는 말씀들일까? 이들 대부분은 성경에 기록된 예언의 정형과는 전혀 다른 유형을 따르고 있다.

신약에서 누군가 개인적인 예언을 하는 경우는, 정도를 벗어난 사람을 교정하기 위한 경우가 많다. 또는 그들의 삶이 공격을 받는 상황이라면, 예언의 말씀을 통해 다가올 어려움과 싸움을 대비해 힘을 북돋우려는 것이다. 같은 이유로 바울은 디모데에게 이전에 그를 지도한 예언을 따라 그것으로 선한 싸움을 싸우라고 격려하고 있다 딤전 1:18. 디모데는 순수한 마음을 가졌지만, 삶은 위협을 받고 있었다. 그는 다가올 환난과 싸움을 앞두고 예언의 말씀으로 무장했다. 바울이 아가보로부터 예언의 말씀을 받은 것도 마찬가지이다. 예언의 말씀을 들은 바울은 힘을 얻고 이렇게 말했다. "나는 주 예수의 이름을 위하여 결박당할 뿐 아니라 예루살렘에서 죽을 것도 각오하였노라" 행 21:13.

또 다른 경우에, 예언의 말씀은 은사를 주거나 성도를 사역으로 부르시기 위해 주어진다. 이런 예언들은 검증을 거친 감독자들이 자신이 직접 돌보고 잘 아는 성도들에게 준 것이지, 낯선 선지자들이 거의 아는 것이 없는 사람들에게 준 것이 아니다 딤전 5:22; 행

13:1-4. 성경은 이 점을 분명히 밝힌다. 바울은 어떤 사람에게 섬기는 직분을 맡기기 전에 그를 먼저 검증하라고 말한다. 후보자의 삶을 지켜 본 목회자만이 이런 일을 할 수 있다. 이런 이유 때문에, 바울은 "아무에게나 경솔히 안수하지 말[라]"딤전 5:22고 하는 것이다. 이에 대해서는 11장에서 자세히 논의하겠다.

오늘날 개인에게 주어지는 대부분의 예언은 자기self를 세우고 돈, 관계, 결혼, 사업, 갓난아이, 사역 등을 강조하는 것처럼 보인다. 이러한 사역은 성경에서 말하는 것과는 전혀 다른 모습이다. 대부분의 경우 그 부르심이 얼마나 신 나는 일인지 또는 하나님께서 그들을 얼마나 위대하게 쓰실지 또는 그들이 얼마나 중요하며 또 중요하게 될 것인지를 말한다. 그리고 나서 말씀을 받은 사람들의 개인적인 삶을 '전혀 알지 못하는' 선지자들이, 그 교회의 지도자들이 어떻게 해야 할지에 대해 말씀을 주기까지 한다!

자, 이런 기준으로 개인들에게 주어진 실제 예언들을 살펴보자. "하나님의 입으로부터 직접 주어졌다"는 이 예언 말씀들을 읽을 때, 먼저 살펴본 성경에서 말씀하시는 예언들과 비교하기 바란다.

컨트리 클럽의 기름 부음?

우리가 개인적으로 잘 아는 한 젊은이가 우리에게 와서, 유명한 선지자로부터 받은 말씀이 기록된 테이프를 들어 보라고 했다. 그 예언은 먼저 그 청년이 주님의 선지자가 될 것이며, 사람들을 택해서 예언 사역을 훈련시킬 것이라는 말로 시작했다. 다음은 그 이후 이어지는 말을 그대로 녹취한 것이다.

당신이 테니스장 같은 컨트리 클럽에 있는 모습이 보이는군요. 그리고 주님이 말씀하십니다. 주님이 그 전체 지역의 문을 열 것이며, 당신을 그 문을 통해 보내셔서 컨트리 클럽에 모인 사람들에게 설교하게 하실 것입니다. 주님께서 말씀하시기를 당신은 돈에 팔리지 않을 것입니다. 왜냐하면 주님께서 당신에게 별도의 부를 주셔서 많은 이들이 빠진 탐욕으로부터 자유로울 수 있도록 당신을 지켜 주실 것이기 때문입니다. 주님께서 당신 아래 돈을 버는 기계를 세우실 것입니다. 그것은 재정을 일으키는 조직과 능력을 말하며, 그것을 통해 독립적인 부를 쌓게 될 것입니다. 주님께서 이렇게 하시는 이유는 가난한 현자의 말은 아무도 기억하지 않기 때문입니다. 주님은 말씀하십니다. "따라서 나는 너를 가난으로부터 구해 낼 것이며, 그것을 통해 부자들이 너의 말을 듣게 될 것이다. 그들이 처음에는 너의 지혜 때문에 네 말을 듣지는 않을 것이지만, 너의 명성과 너의 생활 방식과 내가 너에게 준 재산 때문에 너의 말을 듣게 될 것이다. 나는 너에게 돈을 버는 능력을 기름 부었느니라."

이 말들은 마치 하나님께서 직접 말씀하신 것처럼 선포되었다. 몇 가지 문제점들을 살펴보자. 첫째, "가난한 현자의 말은 아무도 기억하지 않는다." 정말 그런가? 광야에서 메뚜기와 석청을 먹고 살았던 세례 요한은 어떤가? 그의 말들이 쉽게 잊혔는가? 예수님도 무리들에게 왜 왕궁에 있는 부자 왕들에게 가지 않고 허름한 옷을 입은 가난한 세례 요한에게 가서 듣느냐고 물으셨다.

광야의 동굴에서 지냈던 엘리야는 어떤가? 시간의 시험을 견뎌 낸 것은 그의 말인가 아니면 아합의 말인가? 아무도 부족한 것이 없도록 모든 것을 공동으로 소유했던 예루살렘의 제자들은 어떠한가?

나라면 성경의 선지자들과 컨트리 클럽의 기름 부음을 짝짓지 않을 것이다. 예레미야는 부유하고 영향력 있는 사람들의 배척으로 끊임없이 고통을 당했다. 어쩌면 '돈 버는 기계'가 절실히 필요했던 사람이 예레미야였는지도 모른다. 나는 주님께서 그렇게 말씀하셨다고는 생각할 수 없다.

그리고 도대체 언제부터 많은 부가 탐욕으로부터의 자유를 보장했는가? 나는 이 예언이 주님으로부터 온 것이 아닐 뿐더러 비성경적이라고 판단한다. 나의 성경에 따르면, 부자는 어떻게 하면 더 많이 모을까 늘 염려하기 때문에 쉬지 못하지만, 가난한 자는 달게 잔다전 5:12. 나는 테이프를 들으면서 그 예언을 말하던 사람의 격앙된 감정을 느낄 수 있었고, 주위에 있던 사람들이 손뼉을 치며 소리지르는 것을 들었다. 그러나 하나님의 기름 부으심이나 임재는 느낄 수 없었다.

이 말씀이 이 젊은이에게 어떤 영향을 미쳤을까? 고난이나 싸움에 대비해서 그를 강하게 만들었을까? 그의 마음을 하나님께로 이

끝었을까? 나는 그에게 물었다. "이 예언이 당신에게 선포될 때 어떤 느낌이었습니까? 기분이 좋았던가요?"

그가 대답했다. "네."

내가 다시 물었다. "그 말씀을 듣고 나니까 그 말을 전한 선지자를 받아들이고 싶어지던가요?"

그가 대답했다. "네."

잠시 침묵이 흐른 후, 나는 다시 질문했다.

"당신은 이 말씀이 하나님의 말씀이라고 믿습니까?"

그가 대답했다. "아니오."

사람들은 혹시 하나님의 말씀을 들을 수 있을까 하는 희망으로 이런 설교자들의 집회들을 찾는다. 그러나 사람들이 진정 원하는 것은 그런 희망만으로 가득한 말이 아니라, 자신의 미래에 대한 통찰일 것이다.

나에게 주어진 예언을 분별하라

어떤 목회자는 자기 아들이 유명한 선지자에게서 받았던 예언 말씀에 관해 내게 이야기해 주었다. "존, 내 아들을 잘 아시잖아요. 그가 받은 말씀은 정말 최악이었습니다. 이 예언은 그를 약하게 만들었습니다. 아이는 종종 지나칠 정도로 자기를 과신합니다."

그러고 나서 그 '선지자'가 자기 아들을 전임 사역자로 부르신 것에 대해서 뭐라 말했는지를 이야기하기 시작했다. 그는 자기 아들의 사역이 위대하고 강력하게 될 것에 대해 거듭거듭 말했다는 것이다. "당신은 불과 50여 명밖에 모이지 않는 '사소한 작은 교회'를 목회하지는 않을 겁니다……."

이 얼마나 비통한 말인가! "50여 명이 모이는 사소한 작은 교회"도 하나님께는 소중하며, 그들은 하나님을 섬기고 있다. 5천 명이 모이는 교회 중에도, 하나님의 마음과 법도에서 멀리 떠난 교회들도 있다. 사람의 관점에서는 숫자가 중요한 것이지만, 하나님은 다르게 보신다. 그러나 이 말씀 역시 하나님의 입에서 직접 나온 말처럼 선포되었다.

그 말씀에 순종하기 위해서 그 젊은이의 부모는 많은 시간과 돈을 성경 대학에 투자했다. 하지만 지금 그들의 아들은 세속적인 직업을 갖고 있다. 이 목회자는 나에게, 자신은 처음부터 아들이 전임 사역자로 부르심받은 것을 믿지 않았다고 고백했다.

유명한 목사가 시무하는 교회에 어떤 예언 사역자가 강사로 와서, 모든 교인이 있는 자리에서 그 부부가 아기를 가질 것이라고 예언했다. 이 예언은 목사를 정말 화나게 했는데, 그 부부는 이미 자녀가 여러 명 있었고 또한 불임 수술을 받았기 때문이었다.

나의 아내는 우리가 세 번째 아들을 가진 다음에 다음번 아이는 딸이라는 예언을 받았다(그녀는 늘 아들을 원했지만). 일 년 후에 그녀가 다시 임신했을 때, 그녀는 딸이라고 예상했다. 초음파 검사를 받기 전날 그녀는 기도하면서 하나님께 이렇게 물었다. "이 아이는 딸이죠, 그렇죠?" 하나님은 엄중히 말씀하셨다. "아니다."

다음 날, 초음파 검사 결과는 아이가 사내아이라는 것을 확증했다. 그러나 리사는 그 예언을 곁에서 같이 들었던 사람들로부터 끊임없이 시달려야만 했다. 한 여인은 전화로 꿈 이야기를 하면서 우리부부가 배속의 아이를 사내아이라고 생각하겠지만, 사실은 여자아이라고 말했다. 또 다른 여인은 하나님이 그 태아를 자궁에서 여자아이로 바꾸어 달라고 기도한다고 말했다(우리는 즉시 그녀를 꾸짖었다). 리사는 그들에게 검사 결과 사내아이라고 했지만, 그들은 이렇게 대답했다. "초음파 결과는 가끔 틀리기도 하지요." 그런 대답에 대해서 리사는 말했다. "선지자들이 틀릴 때도 있는 법입니다." 우리의 넷째 아들 아르덴이 태어날 때까지 그런 소모전이 계속되었다.

아기에 관한 예언 중 가장 비극적인 경우는 한 목사가 젊은 미혼 처녀를 불러내 주님께서 그녀가 임신한 모습을 보여 주었다고 말한 것이었다. 이 처녀는 약혼한 상태였고, 친구를 만나기 위해 이 교회를 방문한 상황이었다. 이 예언은 전 교인 앞에서 이 처녀에게 수치심을 안겨 주었다. 그녀는 그것이 불가능하다고 따졌지만, 목사는 주님께서 그것이 사실임을 보여 주셨다고 반박했다. 예배 후에 그녀가 다시 따졌을 때, 그는 한 걸음 물러서서 그녀가 결혼하면 딸을 낳을 것이라고 말을 바꾸었다. 그녀는 그 후 결혼을 했고, 그 이후로 몇 년이 흘렀다. 아직 아이는 생기지 않았다. 딸아이에 관해서는 50퍼센트의 가능성이 있을 뿐이다.

한 여인은 두 명의 서로 다른 '선지자들'과 한 목회자로부터 당시 막 사귀기 시작한 사람과 결혼하게 될 것이라는 말을 들었다. 그리고 둘 사이에서 태어날 아기들에 대해서, 또한 얼마 후에 결혼하게 될 것인지에 대해서도 들었다. 뿐만 아니라 그들을 위해 세우신 하나님의 놀라운 계획들도 들었다.

유일한 문제는 이 남자가 정욕이 가득하며 화가 나면 쉽게 욕을 내뱉는, 백수건달이라는 점이었다. 남자에게 직업이 없었으므로 그녀는 여러 면에서 가정을 부양해야 했다. 모든 징후를 고려할 때 현재 관계를 정리하는 것이 마땅했지만, 그녀는 예전에 받았던 예언의 말씀을 '거스르고' 싶지 않았다. 만약 그녀가 그를 떠난다면, 하나님이 명령하신 관계를 떠나는 것이 될 테니까 말이다.

2년간의 악몽 끝에 그녀는 마침내 그 남자와의 관계를 끊었다. 그리고 완전히 피폐해졌다. 그 일이 있은 지 3년 후에 나는 그녀에게 그 사람과 결혼하는 것이 하나님의 뜻이었다고 생각하는지 물었다. 그녀가 대답했다.

"절대 아닙니다." 그들이 결혼하지 않은 것은 정말 다행이었다.

우리 가족과 친한 사십 대의 한 사내는 타고난 숙련공이자 기술자였다. 그는 즐겁게 사역을 섬겼으며, 우리와 다른 이들을 도왔다. 한두 해 전에 그는 존경받는 목사로부터 그가 사업에 관한 지식과 지혜로 세상을 놀라게 하리라는 말씀을 들었다. 또한 그 목사는 이에 관해서 사람들의 질문을 받게 되면, 하버드대학에서 공부할 것이기 때문이라고 했다. 이 말씀을 받은 후에, 그는 내게 전화를 걸어서 어떻게 하면 하버드대학에 지원할 수 있는지를 물어왔다. 나는 그의 질문을 듣고 당혹스러웠다. 나는 그가 고등학교를 겨우 졸업했으며, 현재 관리인으로서 잘 지내는 것을 알고 있기 때문이었다.

참된 예언의 기준들

수년 전에 아내와 내가 처음으로 사역 여행을 시작했을 때, 몇몇 목회자들로 인해 실망한 적이 있었다. 우리에 대한 사실이 아닌 소문이 돌고 있었기 때문에, 우리를 시험해 보려는 분위기가 강했다.

아내는 매우 정확하다고 알려진 유명한 예언자의 집회에 참석했다. 집회에서 아내는 호명되어 자리에서 일어났다. 그 목사는 우리에 대해서 또는 우리가 겪은 일들에 대해서 잘 알지 못한다는 것을 먼저 밝힌 다음, 아내에게 예언의 말씀을 주었다. 그 말씀은 정말 우리를 격려해 주고, 우리의 평판을 지켜 주는 말이었다.

그 예언은 먼저 우리가 사역자라는 것을 밝혔고, 대략 다음과 같은 내용이었다. "주님이 말씀하십니다. '그들은 사적으로 너희를 비난했지만, 나는 그들이 공적으로 너희에게 사과하도록 만들겠다.'" 아내는 눈물을 글썽였다. 그녀는 이렇게 생각했다. '하나님께서 나의 상처와 아픔을 알아주시고, 나를 위로해 주시는구나.' 그녀는 집회를 떠나면서 마음속으로 사과를 받아야 할 사람의 목록을 만들고

이렇게 생각했다. '됐어, 이제 나를 대적하는 사람이 누군지 다 알겠어. 하지만 하나님은 내 편이신걸.'

아내가 집에 돌아와서 그녀의 예언이 담긴 테이프를 들려주었을 때, 나는 그것을 듣고 이렇게 말했다. "리사, 이것은 하나님이 하시는 말씀이 아니에요. 예수님은 이렇게 말씀했지요. '아버지 저들을 사하여 주옵소서 자기들이 하는 것을 알지 못함이니이다' 눅 23:34. 이렇게 하시지는 않으셨어요. '아버지여 저들이 내게 공적으로 사과하게 해 주십시오.' 이 예언은 우리의 초점을 다시 우리 자신과 과거의 아픔에 맞추게 하려는 것이에요. 우리는 이 사람들을 이미 용서했고, 자유롭게 풀어 주었습니다. 나는 사과를 바라지 않아요." 그녀도 동의했다. 오늘까지 한 사람도 우리에게 공적으로는 물론 사적으로도 사과하지 않았다.

비록 이 예언 말씀이 우리의 과거에 대해서는 정확했지만, 주님이 주신 말씀은 아니었다. 만약 우리가 이 말씀을 받아들였더라면 우리 삶 속에서 하나님의 성품을 닮아 가는 것을 포기하고 잘못된 길로 나아가게 되었을지도 모른다.

이런 유형의 수많은 예언이 지난 몇 년간 개인, 지역 사회, 컨퍼런스 등 모든 영역에서 교회 안에 쏟아져 들어왔다. 내가 존경받는 선지자나 목회자들을 사례로 든 것은 이런 생각들이 얼마나 쉽게 우리 삶 곳곳에서 받아들여지는지를 보여 주기 위해서였다.

성경에 나오는 예언 말씀의 형태와 기능을 자세히 살펴보고, 오늘날 우리가 듣는 예언과 비교해 보면, 예언을 분별하고 판단하는 적절한 기준을 회복하는 데 도움이 될 것이다.

거짓 예언에 너무 오랫동안 익숙해지면, 더 이상 진리를 받아들이지 못하게 될 수도 있다. 비정상을 정상처럼 생각하게 되는 것이다. 사도행전에 나오는 초대 교회의 지도자들이 오늘날 일부 예언 컨퍼런스에 참석한다면, 충격과 놀라움으로 입이 쩍 벌어지고 말 것이다. 그러고는 예레미야처럼 오염된 예언 사역에 대해 가슴을 치며 통곡할 것이다.

무슨 일이 일어난 것인가? 왜 교회가 이런 타락한 사역을 묵과할 뿐 아니라 적극적으로 받아들이게 되었을까? 다음 장에서 우리를 일깨우는 진리를 살펴볼 것이다. 왜 우리의 눈이 가려졌고, 어떻게 우리가 참과 거짓에 대한 분별력을 잃어버리게 되었는지 살펴보게 될 것이다.

"여호와께서 살아 계심을 두고 맹세하노니
내 하나님께서 말씀하시는 것 곧 그것을 내가 말하리라."
하나님 아버지여, 오늘날에도 꼭 이렇게 대언하는 선지자를 보내 주소서!

chapter. 7
마음의 우상에 속지 말라

　예언 말씀을 통해 잘못된 길로 빠지는 사람이 왜 이렇게 많은가? 왜 우리는 참과 거짓을 분별하지 못하는 때가 많은가? 바로 앞 장에서 한 가지 이유를 살펴보았다. 그것은 바로, 우리가 진정한 성경적인 예언을 준거의 틀로 삼지 못했기 때문이다.
　두 번째 이유는 더욱 미묘하며, 그 뿌리는 더욱 비밀스럽다. 우리가 이런 예언을 받아들이면 우리 마음속의 은밀한 욕망과 동기가 만족을 얻기 때문이다. 깨닫지 못하는 사이에 우리의 욕망은 바리새인의 그것과 닮아 있었다. 사람의 칭찬과 인정을 받고, 세상의 부와 편안함을 누리려는 것이다. 우리는 영원한 보상에 대해서는 잊어버리고 대신에 일시적인 것을 받아들였다. 이것이 거짓으로부터 참된 것을 올바르게 구별하게 하는 우리의 능력을 방해했다.

이 점을 정확하게 설명하려면 먼저 두 단어를 짚고 넘어가야 한다. 우리가 익히 잘 아는 단어겠지만, 성령님께서 그 의미를 여러분의 심령에 각인시켜 주시기 바란다.

탐욕

첫 번째 단어는 탐욕covetousness이다. 먼저 어근 'covet'을 살펴보자. 웹스터 사전은 탐욕이라는 단어를 이렇게 정의한다. "무언가 좋은 것을 얻거나 소유하기 원하는 강렬한 욕망."

기도하는 중에 주님은 탐욕을 어떻게 정의하시는지를 여쭈었다. 주님은 이렇게 대답하셨다.

"탐욕은 이익gain을 얻으려는 욕망이다."

이 정의에 따르면 탐욕은 돈에 대한 욕망에만 국한되지 않는다. 이것은 소유, 지위, 편안함, 수용, 쾌락, 권력, 정욕 등을 모두 포함한다. 한마디로 탐욕은 우리가 만족하지 못할 때의 상태를 말한다. 우리가 분투하는 이유는 하나님이 주신 것으로 평안과 쉼을 누리지 못하기 때문이다. 우리의 삶에 대한 그분의 계획 또는 과정에 저항하는 것이다.

탐욕은 만족의 정반대이다. 성경은 이렇게 말한다. "자족하는 마음이 있으면 경건은 큰 이익이 되느니라" 딤전 6:6. 경건한 만족에는 큰 이익이 있으며, 또한 지각에 뛰어난 평강이 있다 빌 4:7. 반대로, 탐욕에는 불안이 가득하며, 끊임없는 욕망과 정욕이 들끓는다.

어떤 이는 이렇게 물을지도 모른다. "하지만 바울도 우리에게 '더욱 큰 은사를 사모하라' 고전 12:31고 말하지 않았나요?" 그렇다. 하지만 그 말의 맥락을 이해해야 한다. 그가 우리에게 최고의 은사들을 열렬히 소망하라고 한 것은 덕을 세우기 위해 또는 교회를 세우기 위해서였다 고전 14:12. 그것은 이 욕망의 동기가 하나님의 계획과 목적을 통해서 다른 사람의 유익을 구하는 것임을 의미한다. 우리의 욕망이 순수할 때는, 주님의 은사를 나타내는 것이 우리든 다른 이든 상관하지 않는다. 만약 우리가 하나님의 은사를 맡았으면, 다른 이의 반응에 신경 써서는 안 된다. 그제야 비로소 우리는 사람이 원하는 것이 아니라 사람에게 필요한 말씀을 충성스럽게 전할 수 있을 것이다. 즉, 하나님의 나라를 먼저 생각하게 된다.

우리는 마음속에 숨겨진 시기심과 이기적인 동기는 전혀 드러내지 않은 채 성령의 기름 부음이나 예언을 듣기 위해 여러 날을 여행할 수도 있다. 이렇듯 하나님의 순전하심과 거룩하심은 외면하면서도 능력만을 추구하기 쉽다.

가족 휴가 때 우리는 기독교 방송을 시청했는데, 한 유명한 방송 전도자가 많은 청중에게 기름 부음에 관해서 가르치는 것을 보았다. 하나님의 능력을 향한 그들의 열정은 대단했다. 자리에서 일어난 몇몇은 그를 응시하는 눈에서 불이 이글거리고 있었다. 그러나 내 영혼은 비통함을 느꼈다. 한 남자가 걸어 나와 그 복음 전도자의 손에 수표를 건넸을 때, 나는 그것을 확실히 알 수 있었다. 헌금이었다. 나는 순간 헌금을 받고 성령의 기름 부으심을 팔라는 제안을 받았던 베드로가 생각났다행 8:18-24. 그 복음 전도자가 수표를 다시 돌려주었을 때에야 비로소 나는 안도의 한숨을 내쉬었다.

나는 밖으로 나가 홀로 해변을 거닐었다. 나는 주님께 여쭈었다. "주님, 저는 비통함을 느꼈습니다…. 그 이유를 알 것 같지만, 주님께서 다시 설명해주시면 좋겠습니다."

그때 내 마음속에서 주님의 잔잔하고도 작은 목소리가 들렸다. "존, 그들은 내 능력을 열렬히 원하지만, 그 목적이 잘못되었구나." 나는 예수님께서 심판 날과 관련해서 무리들에게 하신 말씀을 기억해 냈다. 어떤 이들은 주님을 부르면서 자신들이 많은 권능을 행하고 귀신을 쫓아내며, 주님의 이름으로 예언했다는 사실을 근거로 내세웠다. 주님은 그들에게 이렇게 말씀하셨다. "내 아버지의 뜻을 행하지 않은 자들아, 내게서 떠나가라"마 7:21-23, 참고.

주님은 이어서 말씀하셨다. "존, 사람들이 '주님, 우리가 주님의 이름으로 옥에 갇힌 자를 방문했고, 주님의 이름으로 굶주린 자를 먹이며, 헐벗은 자에게 옷을 입혔습니다' 라고 말하지 않았음을 기억하라."

나는 동의했다. "네 주님, 그렇게 하지 않았습니다." 그러자 나는 얼마나 많은 이들이 예수님과 그분의 백성을 향한 사랑이 아니라 자신을 위한 목적 때문에 하나님의 은사를 탐내는지 깨닫게 되었다. 이것은 탐욕이 교회 안으로 파고든 작은 사례일 뿐이다. 우리는 능력과 사역을 향한 무절제한 욕망을 눈감아 주었을 뿐 아니라, 때로는 조장하기까지 한 것이다.

만족

나는 기도하면서 만족에 대한 간결한 정의를 내려 달라고 주께 부탁드렸다. 그러자 주님께서 내 마음속에 이렇게 말씀하셨다. "나의 뜻 안에서의 완전한 만족감."

예수님의 삶이야말로 이러한 만족의 결정체다. 주님은 거듭해서 이렇게 말씀하신다. "나의 양식은 나를 보내신 이의 뜻을 행하며 그의 일을 온전히 이루는 이것이니라"요 4:34. 하나님에 대한 예수님의 온전한 만족과 하나님의 뜻에 대한 온전한 헌신은 시편에 잘 드러나 있다. "나의 하나님이여 내가 주의 뜻 행하기를 즐기오니 주의 법이 나의 심중에 있나이다"시 40:8.

예수님은 하나님의 뜻이 아닌 것에는 그 어떤 욕망이나 열정도 없으셨다. 그분의 유일한 열정은 아버지의 뜻을 이루는 것이었다. 이런 만족으로부터 "내가 아버지로 말미암아 사는 것 같이"요 6:57라는 말씀이 나온다. 이런 만족이 있으면 세상이 주는 것과는 다른 안전함을 누린다. 그래서 주님과 같이 이렇게 말할 수 있는 것이다. "나는 내가 어디서 오며 어디로 가는 것을 알거니와"요 8:14.

예수님은 오직 아버지의 갈망을 위해 사셨고, 예수님의 온전한 만족은 아버지의 뜻을 이루는 데 있었다. 성경은 이렇게 권면한다.

> 돈을 사랑하지 말고 있는 바를 족한 줄로 알라 그가 친히 말씀하시기를 내가 결코 너희를 버리지 아니하고 너희를 떠나지 아니하리라 하셨느니라. _히브리서 13:5

하나님의 뜻으로 만족할 때만이 탐욕으로부터 자유를 얻는다. '나'라는 감독관 아래의 노예 생활에서 해방되는 것이다. 이것이 모든 믿는 자가 누리는 진정한 안식이다. 성경은 우리에게 이렇게 말씀하신다. "이미 그의 안식에 들어간 자는 하나님이 자기의 일을 쉬심과 같이 그도 자기의 일을 쉬느니라" 히 4:10. 이 안식은 우리에게 큰 힘과 자신감을 준다.

> 주 여호와 이스라엘의 거룩하신 이가 이같이 말씀하시되 너희가 돌이켜 조용히 있어야 구원을 얻을 것이요 잠잠하고 신뢰하여야 힘을 얻을 것이거늘. _이사야 30:15

구원이란 단지 길 잃은 데서 돌아오는 것만이 아니라 안식하는 것까지 포함된다. '구원 얻다saved'에 해당하는 히브리어는 '야샤 yasha'이다. 기본적으로 이 단어는 "누군가의 짐, 압박, 위험을 제거하는 것 또는 제거하려는 것"을 의미한다.

이 단어에 대한 스트롱 색인 사전의 정의는 "안전하다to be safe"이다. 이런 안식과 만족의 상태에서 우리는 미혹으로부터 안전할 수 있는 것이다. 안식과 만족에 머무르면 우리는 속거나 길을 잃지 않는다.

그리스도 안으로 들어오기 전에 바울은 권력과 영향력과 명성을 열심히 추구했다. 하지만 예수께서 자신의 삶과 사역을 어떻게 변화시켰는지에 대해서 바울은 다음과 같이 말한다.

> 어떠한 형편에든지 나는 자족하기를 배웠노니. _빌립보서 4:11

그는 하나님의 안식 안에서 사는 법을 배웠다. 서구 교회에는 이렇게 만족하는 태도가 정말 심각하게 부족하다. 오늘날 우리의 문화와 사회는 오히려 늘 불만족을 조장하는 것 같다. 더욱 많이 성취하라고 몰아붙이는 것이다. 불만족하도록 훈련을 받는 느낌마저 든다. 우리에게 부족한 것이 무엇인지 광고, 방송, 기타 매체와 가족, 친구들이 지속적으로 알려 주는 꼴이다. 만약 이러한 압박에 굴복한다면, 우리는 더 높은 야망을 품고 이기적이며 경쟁적인 목표를 세우게 된다.

슬프게도, 사역의 목표 역시 이런 유형을 따르는 경우가 많다. 하나님의 꿈과 소명이 자기 성취와 자기를 위한 동기에 초점을 맞추는 쪽으로 변질된다. 소명 자체는 진짜라고 해도 그 동기는 이미 혼합물이 섞여 오염된 것이다. 이런 야망은 그리스도인의 대화 또는 사역에서 교묘하게 위장된다. 그러나 어떻게 위장된다 할지라도 그것은 여전히 탐욕일 뿐이다.

오늘날의 우상

만족과 탐욕은 대립하는 힘이다. 만족은 우리를 우상으로부터 멀어지게 하고 하나님의 마음에 가까워지게 하는 반면 탐욕은 우리를 하나님과 멀어지게 하고 우상의 제단으로 몰아간다. 또한 탐욕은 그 진정한 정체를 숨기기 위해 사역이나 축복이라는 허울을 쓴 채로 교회 안으로 파고들고 있다.

하나님은 이 탐욕에 대해 선지자 에스겔에게 이렇게 말씀하신다.

> 여호와의 말씀이 내게 임하여 이르시되 인자야 이 사람들이 자기 우상을 마음에 들이며 죄악의 걸림돌을 자기 앞에 두었으니 그들이 내게 묻기를 내가 조금인들 용납하랴. _에스겔 14:2-3

하나님은 언약 백성이 충고와 지혜를 얻기 위해 자신 앞에 나오지만 마음속에는 우상을 숨기고 있다고 탄식하신다. 그들의 눈에는 진리가 가려진 것 같다. 우상은 이제 그들을 죄악에 걸려 넘어지게 했다. 죄악iniquity에 해당하는 히브리어는 아본awon이다. 그것은 의도적이든 아니든 간에 하나님의 법에 대한 위반을 의미한다.

하나님은 그들의 거실, 마당 또는 나무 아래 우상을 세웠다고 말씀하시지 않았다. 모든 우상 숭배는 마음에서 시작하기 때문이다. 먼저 우리는 우상 숭배에 대해 정의를 내려야 한다.

우상 숭배는 오늘날 미국 교회에서 다소 생소한 단어이다. 현재에는 우리에게 적용할 부분이 없다고 생각하기 때문에, 이에 대한 하나님의 경고를 무시하는 경향이 있다. 우리에게는 금 신상이나 제단이 없다. 또한 돌이나 나무로 조각한 형상도 없다. 서구 문화에서 자라난 사람이 그런 행위를 하는 경우는 쉽게 볼 수 없다. 그러나 성경에 담긴 진리는 오늘날 우리에게도 여전히 타당하다.

십계명의 제1계명은 "나는 너를 애굽 땅, 종 되었던 집에서 인도하여 낸 네 하나님 여호와니라 너는 나 외에는 다른 신들을 네게 두지 말라"이다출 20:2-3. '신들^{gods}'에 해당하는 히브리어는 '엘로힘$_{elohiym}$'이다. 이 단어는 구약에 거의 2,250번이나 나오는데, 이 중에서 거의 2천 번은 주 하나님을 가리키는 말로 쓰였다. 그분 외에 다른 신들(엘로힘)을 네게 두지 말라고 하시는 것은 곧 이런 뜻이다. "나는 모든 것의 근원이다. 아무것도 내 자리를 대신할 수 없다."

예수님은 이것을 이런 식으로 표현하셨다. "살아 계신 아버지께서 나를 보내시매 내가 아버지로 말미암아 사는 것 같이 나를 먹는 그 사람도 나로 말미암아 살리라"요 6:57. 바로 그 이유 때문에 예수님은 자신을 가리켜 생명의 떡요 6:48이라고 하셨다.

그런데 하나님께만 합당한 위치를 꿰차고 앉아 있는 것이 바로 우상이다. 그것은 행복, 위로, 평안을 주는 근원이 된다.

삶 속에서 하나님보다 더 중요하게 여기는 것이 우상이다. 우상은 우리가 사랑하며, 좋아하고, 신뢰하고, 바라며, 주님보다 더 많은 관심을 쏟는 그것이다. 그것을 통해 여러분이 힘을 얻고 그것을 위해 여러분이 힘을 쓴다면, 그것이 바로 우상이다.

우리 믿는 자가 하나님이 아닌 다른 것에서 만족을 찾을 때, 그는 우상 숭배에 빠지게 된다. 이것은 사람일 수도 있고 소유나 활동일 수도 있다. 그러므로 우상 숭배는 탐욕에 뿌리를 두고 있는 것이다.

바울은 이에 대해 이렇게 확증한다.

> 그러므로 땅에 있는 지체를 죽이라 곧 음란과 부정과 사욕과 악한 정욕과 탐심이니 탐심은 우상 숭배니라. _골로새서 3:5

성경에 의하면 우상 숭배는 탐욕 또는 이기적인 이익을 구하는 마음으로 정의된다. 나는 이것이 물질적인 것에 국한되는 것이 아님을 다시 한 번 강조하고 싶다. 그것은 무엇이든 될 수 있다.

예를 들면 인정받고 싶은 욕망 또한 우상이 될 수 있다. 바라던 평판이나 명성은 기쁨과 힘을 가져다주지만 일시적일 뿐이다. 그러다가 그것이 조금이라도 부족하면 곧 실망하게 된다.

다른 사람의 관심과 애정을 얻으려고 경쟁하게 되기도 한다. 그 결과, 다른 사람의 의견이 점점 중요해진다. 결국에는 사람의 의견이 하나님의 의견보다 더 중요하게 되는 것이다.

사귐에 대한 욕망이 또 다른 사례가 되기도 한다. 요한은 이렇게 말한다. "우리의 사귐은 아버지와 그의 아들 예수 그리스도와 더불어 누림이라" 요일 1:3. 하나님은 우리에게 성령님과의 사귐 속으로 들어가, 그 안에 거하라고 권하신다 고후 13:14. 이런 순수한 사귐으로부터 하나님은 다른 사람과의 건강한 관계를 세우신다. 그러나 어떤 이는 하나님의 타이밍과 섭리를 의심하며 초조해한다. 하나님의 계획과 뜻 밖에서 사귐을 찾고, 열망하기 시작한다. 많은 사람들이 궁극적으로 하나님과의 관계를 손상시키는 여러 관계에 빠져드는 원인이기도 하다. 결혼에 대한 잘못된 선택도 사귐에 대한 욕망에서 비롯된다. 사귐의 우상은 모든 올바른 이성을 어둡게 하며, 따라서 결국에는 넘어지고 만다.

우상 숭배와 예언의 말씀

우상 숭배는 마음에서 시작된다. 예배에 참석하고, 예수 그리스도에 대한 믿음을 고백하면서도 우상 숭배에 쉽게 넘어질 수 있다. 구약 시대의 유다 백성은 모든 언덕과 푸른 나무 아래서 우상 숭배를 하며 다른 신들을 좇았다렘 3:6. 그러면서도 주님의 성전에 나와 그분 앞에서 경배했다렘 7:1-11. 하나님은 백성들이 '우상을 섬긴' 그날에 내 성소에 들어왔다겔 23:39고 하시며 그들의 위선을 드러내신다. 그들은 성전에 왔어도 마음은 우상에게 속했던 것이다. 우상 숭배에 대한 이런 이해를 바탕으로, 하나님께서 선지자 에스겔을 통해 하신 말씀을 들어 보자.

> 여호와의 말씀이 내게 임하여 이르시되 인자야 이 사람들이 자기 우상을 마음에 들이며 죄악의 걸림돌을 자기 앞에 두었으니 그들이 내게 묻기를 내가 조금인들 용납하랴 그런즉 너는 그들에게 말하여 이르라 나 주 여호와가 말하노라 이스라엘 족속 중에 그 우상을 마음에 들이며 죄악의 걸림돌을 자기 앞에 두고 선지자에게로 가는 모든 자에게 나 여호

와가 그 우상의 수효대로 보응하리니. _에스겔 14:2-4

사람이 마음속에 우상 즉, 개인적인 이익에 대한 욕망을 품고 선지자에게 나아와서 예언의 말씀을 구하거나 조언을 요청하면 예언을 받을 수는 있지만, 그 말씀은 하나님의 뜻일 수 없다. 하나님이 그 선지자에게 하시는 말씀을 들어 보라.

만일 선지자가 유혹을 받고 말을 하면 나 여호와가 그 선지자를 유혹을 받게 하였음이거니와 내가 손을 펴서 내 백성 이스라엘 가운데에서 그를 멸할 것이라. _에스겔 14:9

지난 몇 달간 기도 중에 주님께서 가짜 예언 사역에 대해서 계속 말씀하셨다. 나는 오늘날 교회 안에 만연한 이 말들 뒤에 감추어진 것이 무엇인지 가르쳐 달라고 주님께 부르짖었다. 그러자 하나님의 성령께서 나를 에스겔의 이 말씀으로 이끄셨다. 말씀을 읽으면서 그 대답이 점점 더 분명해졌다. 나는 모든 잘못된 예언의 뿌리가 일종의 탐욕이라는 것을 발견했다. 이스라엘의 참된 선지자들 곁에서 거짓 선지자들이 창궐하던 시대에 하나님이 그분의 백성과 선지자들을 어떻게 묘사하시는지를 발견했다.

이는 그들이 가장 작은 자로부터 큰 자까지 다 탐욕을 부리며 선지자로부터 제사장까지 다 거짓을 행함이라. _예레미야 6:13

나는 이 큰 잘못 뒤에서 벌어지고 있는 더 깊은 영적인 움직임을 엿보기 시작했다. 나는 이런 예배에 참석하는 남녀의 불만족을 볼 수 있었고 그 안에는 그들이 삶에서 부족하다고 생각하는 것을 향한 욕망이 솟아오르고 있었다(대부분 이것은 필요한 것이 아니라 원하는 것 또는 정욕일 뿐이다). 이 우상 숭배가 그들로 하여금 욕구와 정욕을 채워 주는 말들을 받아들이게 했다. 그들이 원하는 것을 들으려면 하나님을 두려워하지 않는 목회자를 찾는 수밖에 없었다.

역대하 18장에 나오는 이야기는 마음의 우상이 어떻게 예언의 확증을 가져오는지를 잘 보여 준다. 유다 왕 여호사밧은 자녀들의 결혼을 통해 이스라엘 왕 아합과 동맹을 맺었다. 그는 여호와를 경외했지만 아합은 우상을 섬기는 자였기 때문에 이것은 명백한 잘못이었다.

얼마 후에 여호사밧은 아합을 방문하기 위해 사마리아에 간다. 아합은 여호사밧에게 이스라엘과 함께 아람을 치는 전쟁에 참여하겠냐고 물었다. 여호사밧은 이렇게 대답했다. "나는 당신과 다름이 없고 내 백성은 당신의 백성과 다름이 없으니 당신과 함께 싸우리다." 그러고는 이렇게 덧붙였다. "청하건대 먼저 여호와의 말씀이 어떠하신지 오늘 물어 보소서"3-4절.

그래서 이스라엘 왕은 이스라엘의 선지자 4백 명을 소집했다. 이들은 바알이나 다른 거짓 신의 선지자가 아니라 주 하나님의 선지자였다는 사실을 명심하라(10절을 보면, 그들은 여호와의 이름으로 말했다). 왕은 그들에게 전쟁에 나가야 할지 말아야 할지를 물었다.

선지자들은 모두 한목소리로 대답했다. "올라가소서. 하나님이 그 성읍을 왕의 손에 붙이시리이다."

그러나 여호사밧은 이 많은 선지자들의 대답에 마음이 편치 않았다. 그의 삶에 배어 있는 하나님에 대한 경외심이 그의 분별력을 일깨웠다. 그는 이렇게 물었다. "이 외에 우리가 물을 만한 여호와의 선지자가 여기 있지 아니하니이까." 왕은 이들이 이스라엘의 선지자이며 여호와의 이름으로 예언했지만, 여전히 무언가 잘못되었다는 것을 알았다.

아합이 대답했다. "아직도 이믈라의 아들 미가야 한 사람이 있으니 그로 말미암아 여호와께 물을 수 있으나 그는 내게 대하여 좋은 일로는 예언하지 아니하고 항상 나쁜 일로만 예언하기로 내가 그를 미워하나이다" 7절.

여호사밧이 아합에게 말했다. "왕은 그런 말씀을 마소서."

아합이 미가야를 미워한 까닭은 자신이 듣기 원하는 말을 그에게서 들을 수 없었기 때문이었다. 미가야는 아합에게 원하는 것이 없었다. 그는 사람보다 하나님을 더 경외했다. 하나님만이 자신의 원천임을 알았고, 악한 왕을 기쁘게 하기보다는 하나님을 기쁘시게 하기 원했다. 이것이 그를 순수하게 했고, 다른 선지자들이 했던 아첨에 빠지지 않게 했다.

아합은 미가야를 부르러 사람을 보냈다. 하나님의 사람 미가야를 기다리는 동안, 다른 "여호와의 선지자들"이 두 왕 앞에서 예언을 계속했다. 그중에서 베냐민 족속 시드기야 대상 7:6-10는 자신을 위해 철로 뿔들을 만들어서 이렇게 말했다. "여호와께서 이같이 말씀하시기를 왕이 이것들로 아람 사람을 찔러 진멸하리라 하셨습니다." 그러자 다른 모든 선지자들도 이렇게 말했다. "길르앗 라못으로 올라가서 승리를 거두소서. 여호와께서 그 성읍을 왕의 손에 넘기시리이다."

이것은 "하나님이 말씀하신" 굉장하고도 분명한 말씀이었다. 그 말씀은 덕을 세우고, 권면하며, 위로가 되는 말씀이었다. 거의 모든 이스라엘의 선지자가 같은 예언의 말씀을 전했다. 그렇게 많은 선지자들이 말했다면, 확실한 말씀일 것이다. …… 그렇지 않은가? 그리고 더욱 신 나는 점은 이 예언들이 확증confirmation이었다는 점이다(이 단어는 우리가 예언의 말씀을 받아들이는 데 많이 사용되는 용어다). 그 예언들은 아합의 마음속에 있던 욕망을 정확하게 확증했던 것이다. '그래, 바로 그거야.' 그 예언들은 이익을 향한 그의 욕망을 정확히 만족시켰던 것이다.

그 선지자들이 예언하는 동안, 왕의 사자는 미가야를 찾아 이렇게 말했다. "선지자들의 말이 하나같이 왕에게 좋게 말하니 청하건대 당신도 그들 중 한 사람처럼 좋게 말하소서."

나 역시 이와 비슷한 충고를 들은 적이 있다. "존, 사람들을 격려하게. 긍정적인 메시지를 전하라고. 사람들을 세워 주게. 그들에게 위로가 되는 주님의 개인적인 말씀을 전하게. 예배를 끝낼 때는 경쾌한 노래를 부르라고. 기분 좋게 떠날 수 있게 말이야." 그들은 마치 사자가 왕의 메시지를 자기 마음대로 바꿀 수 있는 것처럼 행동한다. 이 얼마나 무례한 일인가!

미가야는 담담한 목소리로 이렇게 대답했다. "여호와께서 살아 계심을 두고 맹세하노니 내 하나님께서 말씀하시는 것 곧 그것을 내가 말하리라." 하나님 아버지여, 오늘날에도 꼭 이렇게 대언하는 선지자를 보내 주소서!

미가야는 아합에게 불려 왔고, 다른 선지자들이 받았던 것과 똑같은 질문을 받았다. 미가야도 처음에는 아합이 듣고 싶어 하는 대답을 했다. "올라가서 승리를 거두소서. 그들이 왕의 손에 넘긴 바 되리이다."

아합은 미가야가 자신을 놀리고 있다고 생각해서 화를 냈다. 그러나 미가야는 다른 4백 명의 선지자가 했던 말을 하나님께서 보여 주신 대로 예시했을 뿐이었다.

그리고 나서 미가야는 진정한 예언의 말씀을 전했다. "내가 보니 온 이스라엘이 목자 없는 양 같이 산에 흩어졌는데 여호와의 말씀이, 이 무리의 주인이 없으니 각각 평안히 자기들의 집으로 돌아갈 것이니라 하셨나이다."

아합이 여호사밧에게 말했다. "저 사람이 나에 대하여 좋은 일로 예언하지 아니하고 나쁜 일로만 예언할 것이라고 당신에게 말씀하지 아니하였나이까."

그러자 미가야는 왜 다른 선지자들이 그에게 전쟁에 나아가라고 말하게 되었는지를 설명했다.

미가야가 이르되 그런즉 왕은 여호와의 말씀을 들으소서 내가 보니 여호와께서 그의 보좌에 앉으셨고 하늘의 만군이 그의 좌우편에 모시고 섰는데 여호와께서 말씀하시기를 누가 이스라엘 왕 아합을 꾀어 그에게 길르앗 라못에 올라가서 죽게 할까 하시니 하나는 이렇게 하겠다 하고 하나는 저렇게 하겠다 하였는데 한 영이 나와서 여호와 앞에 서서 말하되 내가 그를 꾀겠나이다 하니 여호와께서 그에게 이르시되 어떻게 하겠느냐 하시니 그가 이르되 내가 나가서 거짓말하는 영이 되어 그의 모든 선지자들의 입에 있겠나이다 하니 여호와께서 이르시되 너는 꾀겠고 또 이루리라 나가서 그리하라 하셨은즉. _역대하 18:18-21

그리고 미가야는 이렇게 말했다.

이제 보소서 여호와께서 거짓말하는 영을 왕의 이 모든 선지자들의 입에 넣으셨고 또 여호와께서 왕에게 대하여 재앙을 말씀하셨나이다 하니. _22절

하나님은 아합의 마음속에 있는 우상 숭배와 미혹에 따라 그에게 말씀하셨다. 아합은 자기가 듣고 싶어 했던 말은 받아들였고, 보호와 구원을 가져다줄 진정한 하나님의 말씀은 거부했다. 그는 자신이 변장했으므로 아람인들에게 들키지 않을 것이라 믿으며 전쟁터로 나갔다. 그러나 사람들 사이에서는 숨을 수 있을지 모르지만, 하나님 앞에서는 결코 숨지 못한다. 아합은 결국 빗나간 화살을 맞았

고, 날이 저물기 전에 죽었다.

오늘날은 어떠한가? "주님의 선지자들"이 전국 도처에서 예언하고 있다. 그들은 너무나 자유롭게 "주께서 이같이 이르시되……"라고 떠들지만 그것은 정말 하나님의 성령이 하시는 말씀인가, 아니면 우상 숭배의 미혹에 따라 스스로 하는 말들인가? 선지자들과 백성의 마음에 우상이 자리 잡고 있는 것인가? 우리는 바울의 경고를 잘 기억해야 한다.

> 사탄도 자기를 광명의 천사로 가장하나니. _고린도후서 11:14

바울은 사탄이 자기를 광명의 천사로 '가장할 수 있다'고 말하지 않고, '가장한다'고 말한다. 그것이 사탄이 가장 즐겨 일하는 방식이다. 이것은 사탄과 그의 군대가 선지자들의 마음속에서 예언의 말씀을 흉내 낼 수 있다는 뜻이다. 사탄의 말은 마치 하나님의 성령께서 하시는 말처럼 들릴 수 있는 것이다. 하나님은 특별히 이렇게 말씀하셨다. "나 여호와가 그 선지자를 유혹을 받게 하였음이거니와" 겔 14:9. 기억하라. 하나님께서는 거짓의 영들이 이스라엘의 선지자들에게 영향을 미칠 수 있도록 '허락' 하셨다.

예레미야와 에스겔의 시대처럼, 지금도 수많은 예언의 말들이 있다. 그리고 그 예언의 말들은 번영과 행복과 평안을 말하는 예언이 대다수인 것처럼 보인다. 올바른 말씀으로 사람들이 하나님의 마음으로 되돌아가도록 촉구하는 대신에, 사람들의 마음속에 있는 우상을 만족시키는 말들로 그들을 하나님으로부터 멀어지게 한다. 바울은 이런 현상을 미리 보았다.

> 때가 이르리니 사람이 바른 교훈을 받지 아니하며 귀가 가려워서 자기의 사욕을 따를 스승을 많이 두고. _디모데후서 4:3

이런 선생과 선지자들은 사람들의 탐욕과 우상을 섬기는 마음을 만족시키기 위해 말할 것이다. 우리는 사람들이 좋아하든 안 하든 상관없이 충성되게 주님의 말씀을 전하는 미가야 같은 선지자를 보내 달라고 하나님께 간구해야 할 것이다.

"한 손에는 사역 그리고 다른 손에는 돈"

아내와 나는 수잔(가명)이라는 한 여인을 알고 있다. 그녀는 한 예언 집회에 참석했다. 수잔은 미혼이며 삼십 대이다. 그녀는 결혼과 사역에 대한 열망으로 가득했다. 또한 몇몇 지인에게는 경제적으로 대단히 어려운 형편임을 털어놓았다. 집회에서 지목된 그녀는 자리에서 일어섰다. 널리 알려진 그 선지자는 그녀에 대해 전혀 몰랐지만 이런 말씀을 주었다. "주께서 이같이 말씀하시되, '내가 너에게 신랑감을 보내노라. 그는 한 손에는 사역을 들었고, 다른 손에는 돈을 들었다. 이제 너에게 그를 맞이할 준비를 시키노라.'" 그리고 그 '선지자'는 그녀에게 그 일이 곧 일어날 것이며, 석 달 안에 결혼할 것이라고 말했다. 물론, 그녀는 몹시 놀랐고 "하나님께서 그녀에게 하신 말씀"에 대해 기뻐서 어쩔 줄 몰랐다. 그녀는 하나님께서 자신의 부르짖음을 들으셨다고 믿었다.

그녀는 양손에 사역과 돈을 든 신랑을 맞이하기 위한 준비를 시작했다. 재정적으로 어려웠지만 웨딩드레스도 샀다. 신랑이 곧 올 것이기 때문에 좋은 직장도 거절했다. 그렇게 약속한 석 달이 흘렀지만, 결혼식은 둘째치고 사귈 만한 사람도 만나지 못했다. 사실, 그 후로 5년의 시간이 흘렀고 그녀는 여전히 미혼이다. 그녀는 지금까지 신랑을 기다리고 있으며, 직장과 교회를 떠돌아다니고 있다.

그 예언의 말씀은 그녀의 마음속에 있는 무절제한 욕망을 제대로 짚어 냈다. 그녀가 불만족스럽게 생각하는 모든 영역이 충족될 것이라는 약속을 주었던 것이다. 그 개인적 예언은 그녀의 마음속 욕망을 확증했고 놀라우리만치 정확해 보였다. 그런데 과연 주님이 주신 예언이었을까? 혹시 다른 원천으로부터 나온 것은 아니었을까? 그들은 모두 그것이 성령의 말씀이라고 믿었지만, 열매를 토대로 판단하건대 그 선지자와 수잔은 모두 속았던 것이다.

이런 사례는 넘쳐 난다. 사실 대부분의 개인적 말씀이나 예언이 이런 범주에 속한다. 불만족스러운 사람들이 집회에 참석하고, 사람을 기쁘게 하는 '선지자들'이 그들의 마음속에 있는 것을 말하는 경우가 비일비재하다. 하지만 그 결과는 너무나 분명하다. 그 예언들은 듣는 사람들의 탐욕스러운 욕망과 말하는 선지자의 동기를 반영하기 때문이다. 그들은 그것이 진정 주님의 말씀이라고 모두 속고 있을 뿐이다.

나의 부끄러운 고백

80년대 초중반에 나는 텍사스에 위치한 대단히 큰 교회에서 보조 사역자로 일하고 있었다. 내가 하는 일 중 하나는 방문하는 목사들을 시중드는 것이었다. 우리 교회를 정기적으로 방문하던 복음 전도자 중에 내가 정말 좋아하던 분이 계셨다. 그는 제3 세계에 널리 알려진 분이었고, 40여 년을 사역하는 동안 수백만의 사람이 하나님 나라로 들어오는 것을 목격했다.

나는 그분에게 몹시 끌렸고, 그분이 우리 교회를 방문할 때마다 좋은 교제를 나누었다. 그분은 내게 집 전화번호를 알려 주고, 내가 편지를 쓰면 곧 답장을 주셨다. 4년여의 기간 동안 그분은 옷장 2개 분량의 옷을 내게 주셨는데, 그 이유는 우리의 신체 사이즈가 꼭 같았기 때문이다.

나는 정말 이분을 위해 일하고 싶었고 그것이 나의 사역과 삶의 초점이 되었다. 이것은 정말 부끄러운 고백이지만, 나는 내 기도 골방에서, 마치 엘리사가 엘리야를 섬겼듯이 내가 당시 일하던 곳을 떠나 이분을 섬기게 되리라고 스스로에게 예언하곤 했다. 그가 이론 업적보다 내가 어떻게 더 많은 일을 해낼지에 대해 끝없이 주절대곤 했다. 그러고는 이적과 구원을 위한 두 배의 기름 부음이 내게 주어질 것을 '예언적으로' 예측하기도 했다. 나는 이것을 종이에 적기까지 했다. 아내는 이런 나를 보고 마음이 아프다고 말했지만, 나는 그녀가 변화를 거부하는 것일 뿐이라고 일축했다.

그렇게 2년이 지난 후, 정말 신 나는 일이 생겼다. 한두 달 사이에 두 사람이 내가 이 복음 전도자를 위해 일하게 될 것이라고 예언한 것이다! 그들이 그의 이름까지 직접 거론하자 나는 너무 기뻐서 제정신이 아니었다.

나는 준비를 시작했다. 그에게 편지를 써서 그와 그의 아내를 위해 일하고 싶다고 고백했다. 그렇게 시간이 흘러갔고, 우리는 그 방향으로 일을 추진했다. 그런데 갑자기 하나님께서 너무나 분명하게, 이것은 우리를 위한 그분의 뜻이 아님을 보여 주셨다. 처음부터 아니었던 것이다.

이 사실을 깨닫자마자 나의 근본이 뒤흔들렸고 결국, 완전히 망가졌다. 거의 4년 동안 나의 감정, 사역, 야망, 생각의 모든 초점이 그와 함께 일하는 것에 맞춰져 있었기 때문이다. 나의 지인 모두가 이 사실을 알고 있었으므로 나는 부끄러웠고, 수치심을 느꼈다.

몇 주 동안 영적으로나 감정적으로 멍하니 보냈다. 내 머릿속에는 이런 생각들로 가득했다. '어떻게 이런 일이 있을 수 있지? 나에게 주어진 예언의 말씀들은 도대체 뭐지? 어떻게 이렇게까지 모를 수 있었을까? 어떻게 그 예언들이 그렇게 틀릴 수 있지?' 나는 스텝으로 계시던 한 목사님에게 이렇게 말하기도 했다. "목사님 저 문으로 그냥 나가야 될 것 같아요. 모두들 저를 비웃고 있다는 생각이 듭니다." 그러나 무엇보다 나를 가장 무섭게 했던 것은 바로 이 질문이었다.

'앞으로 하나님의 말씀을 어떻게 분별할 수 있단 말인가?'

이런 생각들로 몇 달 동안 몹시 고통스러웠지만, 나는 하나님으로 인해 치유되고 회복되었다. 치유의 순간은 어느 날 아침 기도 중에 찾아왔다. 하나님은 내게 이렇게 말씀하셨다. "존, 사역을 제단 위에 내려놓아라."

나는 이미 나의 과도하고 잘못된 욕망에 대해서 회개했으며, 수년간의 스트레스와 분투 끝에 그것을 기꺼이 내려놓을 준비가 되어 있었다. 나는 항복의 의미로 두 손을 든 채, 내 존재 심연으로부터 이렇게 말했다. "주님, 제단 위에 내려놓습니다. 당신께 돌려드립니다." 그때, 사역이 나의 우상이 되었으며, 그 복음 전도자를 위해 일하는 것이 내 우상 숭배의 초점이라는 것을 깨닫게 된 것이다. 나는 내 영혼을 완전히 뒤덮는 하나님의 평안을 맛보았다.

나는 주님께 여쭈었다. "왜 제게 이렇게 하셨습니까?"

주님이 대답하셨다. "네가 나를 섬기는 것인지 아니면 네 꿈을 섬기는 것인지 보고 싶었다."

주님의 그 말씀이 내 눈을 뜨게 했다. 나는 주님의 평안에 머물렀으며 그것을 조심스럽게 지켰다. 그로부터 몇 달 안에 하나님은 주님을 섬기는 일에 있어서 나를 높여 주셨고, 나는 부목사가 되었다.

사역은 더 이상 내게 우상이 아니었다.

어떻게 이런 일이 일어나게 되었는지를 완전히 이해한 것은 그로부터 10여 년 후, 주님께서 에스겔 14장을 통해서 하시는 말씀을 듣고 나서였다. 내가 어떻게 사역의 우상을 세웠으며 그것을 향한 예언을 받아들였는지를 보게 되었던 것이다. 내 자신이 마음의 우상 숭배로부터 떠들어 댔고, 내게 예언했던 두 사람은 나의 우상에 상응하여 말했던 것이었다. 나는 내 마음이 스스로를 속이도록 내버려 두었다. 내 욕망을 채우기 위해서 성경 말씀을 왜곡했고 내 말을 하나님의 말씀이라고 우겼던 것이다.

이렇게 묻는 분이 있을지도 모르겠다. "당신과 다른 사람을 통해서 말했던 것은 거짓 영이었나요?" 그랬을 수도 있다. 그러나 나는 거기에 초점을 맞추고 싶지 않다. 나는 미혹에 초점을 맞추기 원한다. 나는 불만족과 무절제한 욕망을 통해서 내 자신을 미혹했던 것이다. 하나님의 평안에 거하는 것과는 거리가 멀었고, 나의 탐욕스러운 마음을 만족시키기 위해 애썼던 것이다.

교회 안에서 거짓 예언이 받아들여지는 강력한 배후에는 성공을 위한 욕망이 도사리고 있다. 하나님은 예레미야를 통해 이렇게 말씀하신다.

> 만군의 여호와 이스라엘의 하나님께서 이와 같이 말하노라 너희 중에 있는 선지자들에게와 점쟁이에게 미혹되지 말며 너희가 꾼 꿈(the dreams you encourage them to have)도 곧이 듣고 믿지 말라. _예레미야 29:8

선지자들과 점쟁이에게 우리의 불만족과 우상 숭배를 따라 우리에게 말하라고 격려한 것은 바로 우리다. 그러니 우리에게도 책임이 있으므로 우리의 불만족과 이익을 위한 탐욕스러운 욕망에 대해서 반드시 회개해야 한다.

그러나 희망이 있다. 비록 우리가 길을 잃고 방황하며 우상 숭배의 예언을 따라갔을지라도, 생명의 길로 돌이킬 수 있는 희망이 있다. 하나님께서 우리에게 경고하시는 이유는 우리가 회복되기를 원하시기 때문이다. 그분은 용서하실 것이다. 그분은 나를 씻기셨고 회복시키셨다.

나는 하나님과 여러 사람들 앞에서 죄를 회개했다. 그들은 내가 하나님의 이름을 망령되이 일컫고 잘못 예언하는 죄로 인해 영향을 받은 사람들이었다. 하나님은 사람을 차별하지 않으신다. 누구든지 자신을 낮추고 회개하면 똑같이 용서해 주실 것이다.

여러분이 만약 거짓 예언의 말을 전했거나 우상 숭배로 인해 미혹의 길로 빠졌다면, 회개를 통해 하나님께 용서를 받을 수 있다는 사실을 알아야 한다.

다음 장에서 우리는 거짓 예언의 사역이나 말에 복종할 때 생기는 결과에 대해서 알아볼 것이다.

"너희에게 예언하는 선지자들의 말을 듣지 말라
그들은 너희에게 헛된 것을 가르치나니 그들이 말한 묵시는 자기 마음으로 말미암은 것이요
여호와의 입에서 나온 것이 아니니라."

chapter.8
믿음을 파괴하는 거짓 예언

　단골 레스토랑에서 친한 친구와 마주 앉아 점심 식사를 한 적이 있다. 그때는 그것이 그곳에서의 마지막 점심이 되리라는 것을 알지 못했다. 이 친구와 그의 아내는 우리 부부와 좋은 친구 사이였다. 우리는 텍사스에 있는 대형 교회에서 사역자로 함께 일했다. 나는 그들 부부를 모범적인 그리스도인 부부로 생각했으며, 존경했다. 그들은 여러 구제 사역 부서에서 열심히 일했다. 특히 그 친구는 기도의 전사였으며 구제를 위한 중보 기도 사역을 이끌고 있었다. 그리고 나와 마주칠 때마다 따뜻한 격려의 말을 전했다. 그는 결코 이기적이지 않았고, 누구에게나 마음에서 우러나오는 관심을 보였다. 겸손하게 남의 말에 귀 기울였고, 거룩한 삶을 살기 위해 노력했다. 만약 그 당시 내가 "누가 가장 열성적인 신자입니까?"라는 질문을 받았다면, 나는 주저 없이 그를 지목했을 것이다.

그러던 어느 날 갑자기 그가 교회 사역을 사임한다고 발표했다. 그는 여느 때처럼 미소를 띤 채 내 사무실로 와서는 꽤 괜찮은 회사의 판매 부서에서 일하게 되었다고 말했다. 앞으로 성장 가능성이 많은 회사였다. 나는 혼란스러웠다. 그 회사 일도 나쁘지 않아 보였지만, '그는 사역을 해야 할 사람'이라는 생각을 떨쳐 버릴 수 없었다. 나는 그의 마음이 사역에 있다는 것을 알고 있었다. 그러나 그때 나는 아무런 말을 하지 않았고, 그저 본인이 알아서 잘하기를 바랄 뿐이었다.

그가 떠난 지 몇 달 후에 끔찍한 소문이 들려왔다. 그 소식은 바짝 마른 들판에 불길이 번지는 것처럼 전 교회 직원에게 순식간에 퍼졌다. 그 부부가 이혼했다는 것이었다. 어떻게 그럴 수가! 그들은 하나님과의 관계나 서로의 관계에 있어서 정말 건강해 보였다. 그러나 실제로는 그들의 결혼 문제가 지금까지 잘 숨겨져 왔던 것이다. 점점 커져만 가는 그들의 문제를 아무도 눈치채지 못했고 결국, 그들의 이혼 수속은 빠르고 조용하게 처리되었다. 가장 친한 친구들조차 이 소식을 듣고 충격을 받았다.

이제 그와 테이블을 사이에 두고 마주 앉은 나는, 그 소식을 들었던 순간부터 나를 괴롭혔던 질문을 다시 던졌다.

"도대체 어떻게 된 건가?" 나는 단도직입적으로 물었다.

그는 담담하면서도 슬픈 눈빛으로 나를 쳐다보았다.

"존, 나와 아내가 사귈 때였어. 우리 예전 목사님이 설교 중에 우리를 지목하고서는 하나님이 우리를 결혼시키실 거라고 예언했었네. 하나님을 믿은 지 얼마 되지 않았던 나는 온 마음으로 하나님을 사랑했지. 그분을 실망시켜 드리고 싶지 않았네. 그래서 아내를 사랑하지 않았음에도 불구하고 그녀와 결혼했지. 우리가 결혼 생활을 유지했던 기간 내내 나는, 남편이 당연히 아내에게 가져야 할 사랑을 내게 주십사고 간절히 기도했네. 그러나 그런 사랑은 결코 오지 않았고, 상황은 점점 악화되어서 도저히 견딜 수 없는 지경까지 왔지. 희망이 보이지 않았어. 그녀와 이혼함으로써 죄를 지었다는 사실을 인정하지만 말이야."

마음이 무거워졌고, 식욕도 달아났다. 그때 나는 신혼이었고, 하나님을 막 믿기 시작한 때였다. 그때가 나로서는 거짓 예언과 처음으로 직면했던 때였다. 나는 망가진 친구를 바라보았다. 그의 눈은 더 이상 반짝이지 않았으며, 그의 무거운 표정은 엄숙한 분위기를 만들어 냈다. 마치 쓴 뿌리히 12:15가 자리 잡고 있는 듯했다. 나는 최대한 그에게 다가가서 어려운 일이 있을 때마다 항상 곁에 있겠다고 말했다.

그가 회사를 다닌 후부터는 교회에 더 이상 출석하지 않았기 때문에 그를 만나기가 쉽지 않았다. 우리가 점심을 같이한 지 몇 달 후에, 그는 다른 주에서 일자리를 제안받아 그곳으로 떠났다.

이후에 나는 그의 연락처를 수소문하여 알아냈고, 곧바로 전화를 걸었다. 그는 전통적인 교회에 다니고 있으며, 사역은 생각도 하지 않는다고 말했다. 그의 표현을 빌리자면, "노골적인^{demonstrative} 기독교"와는 다시는 엮이고 싶지 않다고 말했다.

그의 진중한 목소리에서 차가운 무감각이 느껴졌다. 그의 불꽃은 사라졌고, 자신의 입장만 강경하게 전달하며 질문을 더 이상 받지 않으려는 것 같았다. 그는 파선했고, 그의 열정도 사라졌다.

거짓 예언의 폐해

이 비극적인 이야기에는 또 하나 주목해야 할 점이 있다. "주께서 이같이 말씀하시되"라며 그들에게 서로 결혼하라는 말을 전했던 그 목사는 오늘까지도 그 말이 이 젊은 부부의 삶에 끼친 해악에 대해 전혀 모르고 있다는 것이다. 아마도 그는 지금까지도 각 사람들에게 나쁘지 않아 보이는 예언을 부지런히 전하고 있을 것이다.

이것은 비단 그 사람에게만 해당되는 문제는 아니다. 사적인 자리, 교회, 세미나, 예언 컨퍼런스를 막론하고, 이처럼 개인에게 무책임한 말을 함부로 쏟아내는 이들이 정말 많다. 정말 심각하게 무책임한 일이다. 이런 뻔뻔함을 일삼는 그들 대부분은 자신이 사람들의 삶을 오염시키고 파괴하고 있다는 사실을 모른다. 이것은 반드시 짚고 넘어가야 할 비극이다. 우리 모두 주님의 경고에 귀 기울여야 한다.

만군의 여호와께서 이와 같이 말씀하시되 너희에게 예언하는 선지자들의 말을 듣지 말라 그들은 너희에게 헛된 것을 가르치나니 그들이 말한 묵시는 자기 마음으로 말미암은 것이요 여호와의 입에서 나온 것이 아니니라. _예레미야 23:16

하나님은 이런 말들이 주님의 입에서 나온 것이 아니라 선지자의 마음에서 나온 것일 수 있다고 경고하신다. 우리는 말에 치유하는 힘과 파괴하는 힘이 있다는 사실을 잊지 말아야 한다잠 18:21. 하나님의 말씀에는 우리를 변화시켜서 그분의 목적을 성취하게 하는 힘이 있는 반면에, 사람의 말에는 이 목적을 파괴하는 힘이 있다. '헛된worthless'에 해당하는 히브리어는 '하발habal'이다. 이 히브리어를 설명하는 다른 말로는 "쓸모없는useless"과 "열매 없는fruitless" 등이 있다. 새 미국 표준판은 "그들은 너희를 무익하게 한다"렘 23:16, NAS, 역자 번역고 옮기고 있다.

하나님은 거짓 예언이 어떻게 사람을 쓸모없게 만드는지에 대해 이렇게 말씀하신다. 이런 선지자들로부터 "오염이 나와서 온 땅에 퍼지느니라"렘 23:15, NAS, 역자 번역. 무언가를 오염시킨다는 것은 그것을 더럽히는 것이다. 순수한 것에 오염된 것을 혼합시켜서 불순하게 만드는 것이다. 거짓 예언은 사람을 더럽히며, 이 더러움이 그들을 쓸모없게 만든다.

불행하게도 일단 거짓 예언에 더럽혀지면, 나중에까지도 거짓 예언으로 인한 피해를 깨닫지 못하는 경우가 많다. 그것을 깨달았을 때는 이미 심각한 손상을 입고 난 후이다.

거짓 예언은 말씀의 모조품

나는 4대에 걸쳐 전임 사역을 감당해 온 귀한 가문을 알고 있다. 두 아들 중 큰아들은 최근에 한 경건한 여인과 결혼을 했다. 그는 아버지의 사역에 깊이 참여했으며, 사역과 음악 분야에 큰 은사가 있었다. 그의 삶에는 하나님의 손길이 늘 함께하는 것이 분명했으며, 그는 가족 대대로 이어져 온 사역의 유산을 이어 갔다.

그러던 어느 날, 그 부부는 잘 알려진 여선지자의 집회에 참석했다. 거기에서 그는 기술 분야의 지혜를 얻고, 그 분야에서 활동하게 되리라는 말씀을 받았다. 그 선지자는 그가 공학 기술로 교량과 건물을 지을 것이라고 말했다. 그는 음악 분야에 있어서는 매우 명석했지만, 수학 실력은 없었다. 더군다나 그는 건설이나 공학 분야에 대해서는 어떤 교육도 받은 적이 없었다.

하루는 그에게서 전화가 걸려 왔다. 내가 공대를 다녔고, 잠깐이나마 그 분야에서 일한 경험이 있었기에 내게 자문을 구한 것이었다. 또한 내 아내 리사에게 그 예언에 대해서 말했고, 과학과 수학 실력이 좋지 않은 것에 대한 걱정을 털어놓으며 조언을 구했다. 이미 그는 대학에서 몇몇 관련 과목을 수강할 계획을 세우고 있었다. 리사는 그가 받은 말씀에 대해서 한마디도 말하지 않았다. 다만, 그가 하나님을 찾는 대신에 그 예언을 성취하려 한다고 경고했다. 그는 녹음 스튜디오의 일이 만족스럽지 않아 다른 방향으로 전환해 보고 싶다는 생각도 했다고 털어놓았다.

결국 그는 사역을 그만두고, 공학을 공부하기 위해 학교에 입학했다. 그 소식을 들었을 때, 아내와 나는 걱정이 되었지만 일단 지켜보기로 했다. 간섭하고 싶지 않았기 때문이다.

몇 달이 지난 후, 우리는 이 젊은 부부가 경제적으로 몹시 어렵다는 소식을 들었다. 걱정이 돼서 전화를 걸었더니, 이틀 내로 월세를 마련하지 못하면, 쫓겨날 상황에 처해 있었다. 그들은 생활비를 절약하기 위해 이미 한 번 이사를 한 상태였다. 나는 화가 났다. 그래서 엔지니어가 될 것이라고 했던 그 예언에 대해 그에게 따져 물었다. 진작 그렇게 했어야 했다.

나는 이 문제에 대해서 매우 강력하게 말했다. 그러자 그는 혼란스러워했고, 머뭇거렸다. 그런 모습은 내가 알던 1년 전의 그 청년이 아닌 것 같았다. 예전에 그는 언제나 밝고 총명했다. 그러나 이제 그는 마치 안개 속에 갇힌 사람처럼 보였다. 그는 자신감을 잃었고 혼란스러워했다. 이렇듯 거짓 예언은 종종 혼란을 가져온다.

그는 변화를 모색하며, 방향을 찾는 중에 이 예언의 말을 들었다고 말했다. 나는 그가 이 예언을 받기 전에, 이미 아버지가 하는 사역에 대한 열정이 식는 중이었음을 알게 되었다. 나는 이 여선지자가 그의 마음속에 있던 불안감을 알아채고, 듣기 좋게 예언을 한 것이라고 확신한다. 물론, 이것은 하나님의 말씀이 아니었다. 단지 그에게 새 출발을 하기 위한 구실로 주어진 말이었을 뿐이다. 하지만 그것은 하나님이 계획하신 새 출발이 아니었다.

한때 엔지니어였던 내 경험에 비추어 볼 때, 그에게 엔지니어는 어울리지 않는다고 솔직하게 말했다. 또한 그가 몇 달 전에 이 예언을 받았다는 말을 들었을 때, 마음이 무척 아팠다고 말했다. 그리고 하나님이 계획하신 일이라면, 그것을 이루기 위한 하나님의 지원이 뒤따라야 한다고 설명했다. 내 말을 조용히 듣던 그의 목소리가 떨렸다. 아마도 정신적인 압박감이 주는 견딜 수 없는 고통을 참아 내는 것 같았다.

나는 그에게 말했다. "나와 같이 기도하자. 혼란스러움을 묶어 버리고, 하나님의 뜻을 구해라."

그는 내 말에 동의했다.

우리가 전화기를 든 채 함께 기도하는 동안 하나님의 강한 임재가 내 사무실과 그의 아파트에 임하는 것을 느꼈다. 내 목소리는 점점 커져 갔고, 하나님의 능력이 함께하심을 느꼈다. 그러자 나는 성령께서 다음과 같이 말씀하시는 것을 들었다.

"그의 삶에서 점괘를 끊어 버려라."

나는 그 말을 듣고 잠시 머뭇거렸다. 그에게 예언했던 그 선지자는 존경받는 사람이었기 때문이다. 그러나 나는 성령님의 말씀에 순종하므로 그에게서 선지자의 점괘를 끊어 버렸다. 그러자 하나님의 능력과 임재가 더욱 강해졌다. 전화기 저편에서 그의 흐느끼는 소리가 들렸다.

기도가 끝나자 그는 울고 있었고, 그의 아내가 뒤에서 기뻐하는 목소리가 들렸다. 다음 날 그들은 월세를 마련할 수 있었고, 일주일이 채 지나지 않아서 그의 아내는 근처의 좋은 회사에 취직이 되었다. 그 역시 일자리를 찾았다. 몇 달이 안 되어 그는 캘리포니아에 있는 유명한 교회의 부목사로 청빙을 받았다. 그곳이 바로 하나님께서 계획하신 곳이었고 그들은 지금까지 그곳에서 사역 중이다.

이 부부는 주님의 이름으로 선포된 말씀을 가장한 사술로 더럽혀졌다. 그렇다. 점괘는 하나님 말씀의 모조품이다.

에스겔을 통해서 하나님은 이스라엘의 선지자들에 대해 이렇게 말씀하셨다.

> 여호와께서 말씀하셨다고 하는 자들이 허탄한 것과 거짓된 점괘를 보며 사람들에게 그 말이 확실히 이루어지기를 바라게 하거니와 그들은 여호와가 보낸 자가 아니라. _에스겔 13:6

점괘^{divination}에 해당하는 히브리어는 '케셈^{qecem}'이다. 그것은 '말씀$^{an\ oracle}$'을 뜻한다. 하지만 그것은 주님의 입에서 나오는 것이 아니다. 이 선지자들은 자신의 말을 마치 하나님의 말씀인 것처럼 이야기하지만, 그저 그들의 말일 뿐이다.

그 점괘는 이 부부를 더럽혔고, 그들의 삶을 불확실한 상태로 몰아넣었다. 그러니 하나님의 경고를 꼭 기억하라. "너희에게 예언하는 선지자들의 말을 듣지 말라 그들은 너희에게 헛된 것을 가르치

나니 그들이 말한 묵시는 자기 마음으로 말미암은 것이요 여호와의 입에서 나온 것이 아니니라."렘 23:16

내 아내의 경험

아내와 나는 한 유명한 선지자로부터 말씀을 받았을 때, 예언으로 더럽혀지는 것이 무슨 의미인지 처음으로 분명히 알게 되었다. 그 당시, 리사와 나는 큰 교회에서 새로운 스텝으로 일하고 있었다. 우리를 비롯한 스텝들은 이 선지자의 말씀을 듣기 위해 친교실에 모였다. 그리고는 원형으로 둘러앉았고, 그는 스텝 앞으로 다가가 한 명씩 개인적인 말씀을 전했다.

나는 소그룹 내의 모든 사람에게 예언하는 행태는 주제넘은 짓이라고 믿는다. 선지자는 하나님의 성령께서 원하시는 대로 예언해야 하며, 자신이 예언을 주도해서는 안 된다. 누가 말씀을 받을 것인지를 선지자가 결정해서도 안 된다. 하나님께서 각 사람에게 말씀하시는 것이기 때문이다. 그렇게 개개인 모두에게 예언하는 방식은 매우 기계적이며, 성령의 인도를 받는 것 같지 않다.

드디어 그는 우리 부부에게 다가왔고 나에 대해서 매우 정교한 말씀을 전했다. 내가 어디를 떠났으며, 어디로 가고 있는지에 대해서 장황하게 이야기했다. 그러나 아내에 대해서는 거의 말을 하지 않았다. 마치 그녀가 없는 것처럼 행동했다.

그가 말을 마쳤을 때, 나는 기분이 좋았다. 그러나 리사를 쳐다보았을 때, 표정이 다소 어두웠다. 소외감을 느끼고 있는 것 같았다. 모임이 끝난 후, 나는 그를 잡아끌었고 리사를 위해 예언해 주기를 부탁했다.

그는 친교실 밖으로 우리를 불러낸 후, 자리에 앉았다. 그는 아내를 쳐다보며 어디 출신인지를 물었다. 아내는 나를 가리키며 "남편과 같은 지역 출신입니다"라고 대답했다. 그러자 그는 "주님이 그녀에 대해 말씀하시는 것"을 말하기 시작했다. 그는 그녀에 대해서 '스트레스를 잘 견디지 못하며, 지금 막 일생에서 가장 힘든 시기를 지나왔다'고 말했다. 그러고는 이제 하나님께서 그녀를 그분이 계시는 비밀스러운 곳으로 숨기실 것이며, 말의 분쟁으로부터 자유롭게 만드실 것이라고 말했다. 그는 이렇게 설명했다. "당신은 남편의 바로미터(판단 기준)가 될 것입니다. 당신이 스트레스를 더 이상 견디지 못하게 되면, 그것이 바로 존이 물러서야 할 때를 보여 주는 신호입니다."

건물을 빠져나오면서 나는 아내에게 사과했다. "내가 예언을 부탁하지 말았어야 했어요. 그것은 하나님의 말씀이 아니었소." 그러나 리사는 여전히 괴로워했다. 그녀는 스트레스를 잘 견뎠고, 스트레스를 받으면서도 일을 곧잘 해냈기 때문이다. 그녀는 당황한 표정으로 말했다. "만약 그 말씀이 사실이라면, 저는 뜨개질이라도 할 거예요. 징징거리면서 당신이 집에 와서 달래 주기만을 기다리는 짐이 되지는 않겠어요." 그러고 나서 머뭇거리며 이렇게 물었다.

"당신은 내가 스트레스를 받으면 통제 불능이 된다고 생각하세요?"

나는 그녀를 다독였다. "여보, 그 예언은 하나님의 말씀이 아니었어요. 그러니 걱정하지 말아요."

그 예언에는 틀린 점이 또 있었다. 그 무렵은 우리 결혼 생활의 황금기였다. 우리는 정말 사이가 좋았고, 같은 목적을 추구하고 있었다. 리사는 우리 청소년 그룹의 여학생들을 적극적으로 섬겼고, 내게 아낌없는 격려로 큰 힘이 되어 주었다. 정말 모든 것이 더할 나위 없이 좋았다! 그런데 그 선지자는 아내에게 지독하게 힘든 시기를 지나왔다고 말한 것이다.

다음날 리사는 우리의 두 번째 아이를 임신한 사실을 알게 되었다. 그녀는 이렇게 생각했다. '어쩌면 그 사람 말이 맞는지도 몰라. 어쩌면 하나님은 내가 아이들을 경건하게 키워 내는 일에 집중하면서, 사역은 그만두라고 하시는 것일지도 몰라.'

그때부터 9개월 동안 우리 부부는 가장 힘든 시기를 보내게 되었다. 모든 면에서 박해와 공격을 받는 것 같았다. 그 시기의 스트레스는 정말이지 견딜 수 없을 정도였다.

결국, 리사는 우울증에 빠지고 말았다. 쉽게 빠져나올 수 없는 구름 속에 갇혀 버렸다. 그 예언의 말이 그녀의 뇌리에 깊게 박혀 버린 탓인지 그녀는 예전에는 잘 이겨 내던 압박감에 굴복하고 있었다. 이제 나는 그녀에게서 더 이상 큰 힘을 얻을 수 없었다. 그녀는 자신에게 날아오는 화살을 피하기에 급급했다.

오스틴이 태어나기 직전에, 하나님의 사람이 우리 교회를 방문했다. 그의 설교는 담대했고, 힘과 격려가 되었다. 그는 한 번도 "주께서 이같이 말씀하시되"라고 말하지 않았지만, 그의 말에는 생명이 있었고, 우리를 자유롭게 하는 진리가 담겨 있었다. 그 말씀이 리사에게 선포되자 예전의 그 거짓말보다 더 깊게 그녀를 파고들었다. 하나님 말씀의 빛이 어둠의 장막을 뚫고 들어왔다.

이 예배가 끝난 후, 저녁에 그녀가 내게 다가와 말했다. "존, 나는 그 예언을 받은 다음, 곧바로 우울증의 구름 속에 갇혀 있었어요. 그것을 믿지 않았지만, 늘 거기에 대한 두려움과 공포가 있었나 봐요. 존, 당신은 제 남편으로서 이 예언을 내 삶으로부터 끊어 버려야 해요. 이제야 나는 저주에서 벗어났어요. 그 빈자리에 하나님의 진리와 축복을 채워 주세요."

우리는 침대 위에 앉아 손을 잡고서 성령님께서 우리를 인도해 주실 때까지 함께 기도했다. 우리는 그 거짓 예언의 힘과 그것에 같이 따라왔던 우울증, 두려움, 박해를 깨뜨려 버렸다. 하나님은 이렇게 말씀하신다.

> 너를 치려고 제조된 모든 연장이 쓸모가 없을 것이라 일어나 너를 대적하여 송사하는 모든 혀는 네게 정죄를 당하리니 이는 여호와의 종들의 기업이요 이는 그들이 내게서 얻은 공이니라 여호와의 말씀이니라. _이사야 54:17

하나님은 여러분을 대적하여 뱉어진 말들이 정죄를 당할 것이라고 하신다. 거짓 점괘의 말이 주어질 때, 그 말에는 영적인 힘이 따라온다. 그 힘은 우리가 그 말을 깨뜨리기 전까지 공격을 멈추지 않는다. 하지만 그 말이 깨어지면, 그 뒤에 숨어 있던 힘도 깨어진다. 이에 대해서는 15장에서 자세히 다룰 것이다.

그 예언은 점괘에 불과했고, 내 아내 리사를 무기력하게 만들었다. 고통과 혼란을 겪은 리사는 9개월 동안 내 곁에서 멀어졌다. 하나님의 진정한 예언의 말씀을 전할 분이 우리에게 오지 않았더라면, 그 압제가 얼마나 지속되었을지 아무도 모른다.

하나님은 이렇게 말씀하신다. "너희에게 예언하는 선지자들의 말을 듣지 말라 그들은 너희에게 헛된 것을 가르치나니 그들이 말한 묵시는 자기 마음으로 말미암은 것이요 여호와의 입에서 나온 것이 아니니라" 렘 23:16.

거짓 예언의 영향을 받은 자녀들

나는 세 자녀를 둔 한 목회자를 알고 있다. 안타깝게도 세 자녀 모두 거짓 예언으로 인해 오랜 기간 황폐하게 지내며 고통을 겪었다. 목사님 내외분은 모두 경건한 분들이었고, 섬기는 교회는 잘 성장하고 있었다. 리사가 그 교회를 방문했을 때, 그분들과 이 책의 주제에 대해서 이야기를 나누었다. 그분들은 매우 협조적이었고, 자녀들이 겪은 일에 대해서 자세히 이야기해 주었다.

한번은 그들이 전국적으로 잘 알려진 예언 사역자들을 교회에 초대했는데, 지금까지도 그들의 예언으로 인해 고통을 당하고 있다는 것이다. 나는 나중에 그분들께 전화를 걸어서, 목회자 부부로부터 각각 직접 이야기를 들었다.

목사님 부부에게는 두 아들과 딸이 있었다. 장남에게는 앞으로 강력한 사역을 하게 되리라는 예언이 주어졌다. 하나님께서 그를 곧바로 정상으로 올려 주실 것이며, 그는 위대한 목사가 될 것이라고 했다. 고등 교육을 받을 시기가 되자, 그는 성경 대학으로 진학했다. 그가 받은 말씀에 비추어 볼 때, 그것밖에는 다른 선택의 여지가 없어 보였다. 그런데 그는 방황하며 수개월을 보냈는데, 하나님의 진정한 부르심에 수반되는 내적인 열정이 없었기 때문이다. 그래서 많은 시간과 돈이 낭비됐다. 마침내 그는 부모님께 사역의 부르심을 받지 않은 것 같다고 고백했다.

처음에 그 예언을 받았을 때, 그는 아무 말도 하지 않았다. 하나님과 자기 아버지를 실망시키고 싶지 않았기 때문이었다. 오직 그 길만을 향해 나가야만 한다는 중압감을 느꼈다. 그 당시, 아버지도 아들이 부르심을 받지 않은 것 같다고 생각했다. 하지만 그 역시 '주님의 말씀'을 거스르고 싶지 않았다.

그 아들은 현재 비종교 분야에서 일하고 있다. 비록 이 예언이 선포된 것은 짧은 순간이었지만, 그것은 이 젊은이를 황량한 낙심의 길로 몰아넣었다. 몇 년 동안 시간을 낭비했고, 맨 처음에 선택했어야 할 일을 이제 겨우 시작하게 되었다. 하지만 그는 여전히 죄책감으로 괴로워하고 있다.

그 목사님의 또 다른 아들은 주님을 위해 비행기를 조종하게 될 것이라는 예언을 받았다. 하나님께서 그를 통해 목회자와 선교사, 선교 용품 등을 실어 나르게 하실 것이라고 했다. 자라서 일할 나이가 되자 그는 틈틈이 돈을 모아서 수년간 비행 교육을 받았다. 오로지 비행 교육을 받는 데에만 돈을 쏟아부었다.

그런데 한 가지 문제점이 있었다. 비행할 때마다 심하게 멀미를 했던 것이다. 비행하는 것이 끔찍이도 싫었지만, 말씀에 순종하고 싶었다. 절망 가운데서 그는 아버지에게 비행이 정말 싫다고 털어놓았고, 여기서 그만두면 불순종하는 것이냐고 물었다. 그러자 아버지는 그를 격려하며, 비행 교육을 그만두는 것이 좋겠다고 말해 주었다. 하지만 아들은 예언의 압박감을 떨쳐 버릴 수 없었다. 그래서 그 뒤에도 비행을 계속했다.

이후에 단독 비행을 하는 중에 그는 하나님께 부르짖었다. "주님, 저는 비행이 싫습니다." 그러자 하나님께서 그의 마음속에서 이렇게 말씀하셨다. "괜찮다. 나는 너에게 비행기를 조종하라고 말한 적이 없다." 순간 그는 거짓 예언을 성취해야 하는 압박감에서 해방되었다. 참된 말씀이 거짓 말씀의 능력을 파쇄한 것이다. 그것이 그의 마지막 비행이 되었다.

결과적으로 그는 5년 동안 이 거짓 예언으로 인하여 더럽혀졌다. 순간적으로 내뱉은 말 한마디가 그를 낙심과 절망의 길로 밀어 넣었던 것이다. 그는 수년간 모은 돈을 비행 교육에 썼다. 또한 하기 싫은 일을 억지로 하느라 몸과 마음이 완전히 지쳐 버렸다. 거기에다 비행 공포에 대한 죄책감과 홀로 싸워야 했다.

거짓 예언으로부터 최악의 영향을 받은 것은 그 목회자의 딸이라고 생각한다. 십자가에 못 박아야 하는 영역을 오히려 부추기는 예언이 주어질 때, 사람의 마음이 어떻게 되는가를 보여 주는 좋은 사례가 된다. 다음 장에서 이에 대해 자세히 살펴볼 것이다.

하나님이 주시지는 않았지만, 우리 마음에 드는 말을 용납하고 받아들이면
우리의 삶은 미혹과 멸망에 빠진다.

chapter. 9
내 백성에게 패역을 가르쳤다

우리는 거짓 예언이 사람의 삶을 오염시키고, 더럽힐 수 있다는 것을 배웠다. 오염되는 수준은 사람마다 다를 수 있다. 사술로부터 신체적인 고통을 당하는 이도 있고, 혼란과 우울증의 안개에 감정이 사로잡혀 버리는 사람도 있다. 그러나 내 생각에는 다음에 살펴볼 결과가 가장 치명적이고 위험하다.

앞장에서 말한 목회자의 딸은 타 지역에서 대학 생활을 하며 매우 힘겨운 학기를 보내고 있었다. 어느 날, 한 유명한 여선지자가 그녀에게 이런 말씀을 주었다. "여름 방학 동안에 일자리를 찾지 말라. 하나님은 사람들을 통해 너에게 돈을 주실 것이다." 그녀는 또한 균형 잡힌 그리스도인의 삶을 살아야 한다는 말에 신경 쓰지 말고 "지속적으로 행복감"을 느끼기 원하신다는 말을 들었다.

그녀의 어머니는 이렇게 말했다. "이 예언은 혼란을 불러왔습니다. 딸아이는 우울증과 싸우고 있었고, '지속적인 행복감'을 느끼는 경우는 거의 없었기 때문이죠." 예언은 그녀의 부모와도 마찰을 일으켰다. 부모는 일에 대한 성경의 가르침을 따랐기 때문에 일하지 않는 삶을 용납할 수 없었다. 그러나 이제 그들의 딸은 예언의 말로 무장을 했다. 예전에는 순종적인 딸이었지만, 이제는 그렇지 않았다. 그녀의 어머니의 말을 빌자면, 그녀는 "여름 내내 일하기를 거부하며, 부모인 우리에게 반항을 했습니다. 결국 재정적으로 파산하고 말았지요. 우리를 포함해서 아무도 그녀에게 돈을 주지 않았으니까요."

이 젊은 처녀는 그런 예언을 통해 자신이 영적 엘리트라고 착각했다. 그녀의 삶에 허영이 들어온 것이다. 다른 이들은 그녀를 돕기 위해 일하지만, 하나님은 그녀를 특별히 사랑하시기 때문에 일하지 않고 인생을 즐기면 된다는 생각이었다. 그러나 여름은 지나갔고, 예언의 근원도 드러났다. 그 예언은 하나님이 주신 것이 아니었다.

하나님이 주시지는 않았지만, 우리 마음에 드는 말을 용납하고 받아들이면 우리의 삶은 미혹과 멸망에 빠진다. 야고보는 이런 말은 지옥 불에서 난 것이라고 말한다. "혀는 곧 불이요 불의의 세계라 혀는 우리 지체 중에서 온몸을 더럽히고 삶의 수레바퀴를 불사르나니 그 사르는 것이 지옥 불에서 나느니라" 약 3:6.

그렇기 때문에 하나님은 엄중하게 경고하신다. "너희에게 예언하는 선지자들의 말을 듣지 말라 그들은 너희에게 헛된 것을 가르치나니 그들이 말한 묵시는 자기 마음으로 말미암은 것이요 여호와의 입에서 나온 것이 아니니라"렘 23:16.

이 가짜 예언은 수년 동안 부모님이 가르쳐 온 성경적인 가르침을 위태롭게 했다. 그녀는 모든 성도들과 그녀의 친구들에게 나쁜 영향을 미쳤다.

이쯤에서 이렇게 묻는 분이 있을 것이다. "이제 막 은사를 개발해 나가는 어린 선지자들은 어떻게 되는 거죠? 그들은 실수할 수도 있지 않나요?" 참된 선지자는 스스로 말하지 않으며, 성령께서 임하실 때에만 말한다는 사실을 우리는 기억해야 한다. 오직 참되고 깨끗한 것만 말하신다. 그분이 말씀하시지 않는데 우리가 말하거나, 그분이 말씀하시는데 우리가 침묵할 때 잘못된 일이 발생하는 것이다. 심지어 고통 가운데 있던 사울도 성령에 사로잡혔을 때는 참된 예언의 말씀을 전했다삼상 19:24. 어린아이였던 사무엘도 순수하고 정확한 첫 예언을 전했다삼상 3:11-19.

거짓 예언은 패역을 더욱 깊게 한다

하나님은 계속해서 선지자들을 통해 경고하셨지만, 탐욕스러운 백성에게 번영과 평안을 외쳤던 다수의 거짓 선지자 속에서 그들의 목소리는 미미했다. 예레미야는 하나님의 심판이 그들에게 임하기 전 마지막 경고를 외쳤던 선지자 중 한 명이었다. 그러나 점괘와 아첨의 말들이 유다 백성의 마음속에 있던 우상 숭배를 더욱 타오르게 했기 때문에 그들은 그 경고를 듣지 않았다. 평안과 안락을 말하는 수많은 선지자들로 인해 그들의 마음이 완고해졌고, 그들의 악한 길이 굳어졌다. 심판이 임박했다.

첫 번째 심판의 물결은 바벨론 왕 느부갓네살의 침공과 함께 시작된다. 그는 유다 왕을 포로로 잡아가고, 자기를 대신해서 다른 사람을 대리 통치자로 세웠다. 뿐만 아니라 많은 사람을 바벨론으로 잡아갔고, 주님의 성전에서 많은 보물들도 가져갔다. 그러나 이것으로도 그들은 정신을 차리지 못했다.

몇 년이 흘렀고, 하나님의 말씀에 따라 예레미야는 스스로 나무로 된 멍에를 멨다. 이것은 느부갓네살을 통해 임할 이스라엘의 심판을 상징하는 것이었다. 예레미야는 유다 왕과 백성에게 다음과 같이 주님의 말씀을 전했다. "왕과 백성은 바벨론 왕의 멍에를 목에 메고 그와 그의 백성을 섬기소서 그리하면 사시리라"렘 27:12.

이것은 분명히 그들이 듣고 싶어하는 말이 아니었다. 그들은 곧 기브온 출신의 선지자 하나냐를 통해서 듣고 싶은 말을 들었다. 하나냐는 성전 안에서 제사장들과 모든 백성이 듣는 가운데 예레미야가 전한 예언을 부정한 것이다.

내가 바벨론의 왕의 멍에를 꺾었느니라 내가 바벨론의 왕 느부갓네살이 이곳에서 빼앗아 바벨론으로 옮겨 간 여호와의 성전 모든 기구를 이

년 안에 다시 이곳으로 되돌려 오리라 내가 또 유다의 왕 여호야김의 아들 여고니야와 바벨론으로 간 유다 모든 포로를 다시 이곳으로 돌아오게 하리니 이는 내가 바벨론의 왕의 멍에를 꺾을 것임이라 여호와의 말씀이니라 하시니라. _예레미야 28:2-4

백성들은 이 거짓 예언을 잘 받아들였다. 상실의 고통을 당하던 자들을 어루만지고, 하나님의 약속이 성취될 것을 확신시키는 말이었기 때문이다. 당시 사람들은 이 말을 듣고 하나님을 찬송했을 것이며, 기쁨의 눈물도 많이 흘렸을 것이다.

하지만 예레미야의 반응은 달랐다. 그는 기뻐하는 대신에, 그 선지자를 꾸짖었다. "나와 너 이전의 선지자들이 예로부터 많은 땅들과 큰 나라들에 대하여 전쟁과 재앙과 전염병을 예언하였느니라 평화를 예언하는 선지자는 그 예언자의 말이 응한 후에야 그가 진실로 여호와께서 보내신 선지자로 인정받게 되리라" 렘 28:8-9.

새 생활 번역판^{NLT}은 이렇게 옮긴다.

따라서 평화를 예언하는 선지자는 반드시 그것을 증명해야만 한다. 그의 예언이 이루어진 다음에만 그가 진정으로 여호와께서 보내신 선지자로 인정될 것이다. _예레미야 28:9, NLT, 역자 번역

평화와 번영을 예언하는 선지자는 그의 예언이 이루어진 경우에만 참된 선지자로 인정된다. 만약 이 원칙이 지켜진다면, 오늘날 발

생하는 많은 문제가 사라질 것이다.

전쟁, 재난, 재앙을 예언하는 선지자에게는 왜 같은 원칙이 적용되지 않을까? 회개했을 때, 재앙이 비켜 가거나 연기되는 경우가 많기 때문이다. 요나가 니느웨에서 40일 동안 임박한 심판에 대해서 경고한 경우가 그렇다. 니느웨 사람들은 회개했고, 심판은 비켜 갔다. 하지만 이것 때문에 요나가 거짓 선지자가 되지는 않았다. 오히려 하나님의 자비하심을 드러냈을 뿐이다.

예레미야의 말을 들은 하나냐는 예레미야의 목에서 멍에를 **빼앗아 꺾어 버리고**, 백성들 앞에서 이렇게 말했다. "여호와께서 이와 같이 말씀하시니라 내가 이 년 안에 모든 민족의 목에서 바벨론의 왕 느부갓네살의 멍에를 이와 같이 꺾어 버리리라 하셨느니라"11절. 이 일이 있은 후에 예레미야는 성전을 떠났다.

그 후에 주님의 말씀이 예레미야에게 임했다. "너는 가서 하나냐에게 말하여 이르기를 여호와의 말씀에 네가 나무 멍에들을 꺾었으나 그 대신 쇠 멍에들을 만들었느니라"렘 28:12-13. 예레미야는 주님의 말씀에 의거해서 주님께서 어떻게 느부갓네살에게 통치권을 주셨는지에 대해서 이야기했다. 또한 선지자 하나냐에게 이렇게 말했다.

> 네가 여호와께 패역한 말을 하였음이라 네가 금년에 죽으리라. _예레미야 28:16

하나냐가 회복과 평화를 말한 것이 어떻게 패역한 말이 되었을까? 하나님은 백성에게 느부갓네살에게 복종하고 포로로 잡혀간 땅에서 집을 짓고 정착하라고 하셨다. 텃밭을 가꾸고, 결혼하여 자녀와 손자를 낳아 번성하라고 하셨다. 그들을 사로잡아 간 자들의 평화와 번영을 기도하면 그들도 평안할 것이라고 하셨다렘 29:4-7.

우리는 십대 아이들의 반항이나 노골적인 악행만 '패역'이라고 생각한다. 내 경험에 따르면 가장 은밀한 패역은 선량하고 종교적인 패역이다. 영국의 다이애나 왕세자비가 교통사고로 죽었을 때, 하나님께서 이것을 내게 가르쳐 주셨다. 많은 사람들이 그녀의 죽음을 애도했다. 나 역시 슬펐다. 그녀는 친절해 보였고, 공적으로는 자선 사업을 많이 벌였다.

하지만 나는 그녀의 죽음에 슬퍼하면서도 무언가가 석연치 않았다. 그래서 왜 이런 느낌이 드는지 주님께 여쭤 보았다. 하나님은 요한계시록을 통해 이 땅의 거주자들과 지도자들이 바벨론이라 불리던 여인의 죽음에 대해 울며 애통하는 모습을 보여 주셨다계 17:2; 18:1-19. 바벨론이라 불리던 그 여인은 번영과 성공을 가져다주었기에 사람들이 그녀의 죽음을 슬퍼한 것이다. 하지만 의를 선포하던 하나님의 두 선지자가 죽임을 당하면, 땅에 사는 자들은 그들의 죽음을 즐거워하고 기뻐할 것이었다계 11:1-10.

세상은 바벨론의 죽음은 슬퍼하지만, 선지자들의 죽음은 기뻐하는 것이다. 다이애나가 죽었을 때 이것을 목격했다. 작은 자나 큰 자가 모두 그녀를 애도했다. 나는 그녀의 사생활에 대해 떠올려 보았다. 그녀 스스로 고백한 대로 여러 혼외정사가 있었고 그 외에도 경건치 않은 행실이 많았다.

나는 생각했다. '하지만 하나님, 그녀는 많은 선행을 했지 않습니까.' 나는 선善에도 이기적인 의도가 있을 수 있음을 미처 깨닫지 못했다. 하나님은 내 마음속에 무언가를 말씀해 주셨고, 그로 인해 나는 생각을 완전히 바꾸게 되었다.

"그렇다, 존. 하와는 선악을 알게 하는 나무의 악한 면에 이끌린 것이 아니다. 그녀는 좋은 면에 끌린 것이다."

나는 마음속으로 그 구절을 떠올렸다. "여자가 그 나무를 본즉 먹음직도 하고 보암직도 하고 지혜롭게 할 만큼 탐스럽기도 한 나무인지라"창 3:6. 그때 하나님은 내게 결코 잊지 못할 충격적인 말씀을 하셨다.

"존, 내 권위를 심각하게 부정하는 선good이 있다."

비로소 나는 '악한' 패역도 있고, '선한' 패역도 있다는 것을 깨달았다. 하지만 엄연히 이것은 둘 다 패역이며, 둘 다 하나님의 권위에 대한 도전이다. 대부분의 교인은 '악한' 패역에는 빠지지 않을 것이다. 예를 들어 약물 남용, 조직범죄, 폭음 파티 등은 명백한 악행이다. 대신에 오늘날 많은 교인들은 '선한' 패역에 흔들린다. 하와도 그랬다. 그녀는 사탄처럼 되라는 유혹을 받지 않았다. 그녀는 하나님처럼 되라는 유혹을 받았던 것이다!

이런 맥락에서, 회복과 평화에 대한 하나냐의 예언은 선해 보였고, 잘못 적용되기는 했지만 그의 말 자체는 모세의 율법으로도 확증뇔 수 있는 말이었다.

그러나 그것은 여전히 하나님의 말씀이 아니었다. 우리 관점에서 바라보면, 그것이 왜 하나님을 기쁘시게 하지 않았는지를 쉽게 알 수 있다. 이 백성은 과거를 돌아보지 않고 미혹되어 거짓 예언의 말씀에 의해 더 큰 미혹과 패역으로 쉽게 빠져들었다. 심판을 당한 후에 그것이 분명해졌다.

> 네 선지자들이 네게 대하여 헛되고 어리석은 묵시를 보았으므로 네 죄악을 드러내어서 네가 사로잡힌 것을 돌이키지 못하였도다 그들이 거짓 경고와 미혹하게 할 것만 보았도다. _예레미야애가 2:14

명백하게 패역한 자들만 거짓 예언의 영향을 받은 것이 아니라, 그때 예루살렘에 살고 있던 많은 다른 사람들도 영향을 받았다. 어떤 이들은 어렸고, 어떤 이들은 상처 입은 사람이었으며, 어떤 이들은 주님의 법도로 교훈을 받지 못한 사람들이었다. 미혹은 이들을 쉽게 먹잇감으로 삼았다. 이런 사람들에게 거짓 선지자들이 가장 큰 영향을 미쳤다. 이 거짓 선지자들이 회개와 의를 선포했더라면, 많은 이들을 하나님께로 되돌릴 수 있었을 것이다. 그러나 평화와 회복과 번영에 대한 거짓 예언으로 정반대의 영향을 미쳤다. 그래서 하나님은 하나냐에게 이렇게 말씀하셨다. "네가 여호와를 거스르는 패역을 가르쳤다."

이것이 바로 그 목사의 딸에게 주어진 말이었다. 그녀는 어렸고,

쉽게 영향을 받았다. 특히 유명하고 존경받는 사역자로부터 더욱 큰 영향을 받았다. 비록 그 말씀이 신령하게 들리고 그녀의 자존감을 높이는 것처럼 보였지만, 그것은 패역을 조장했고 부모님의 권위에 반항하게 했다.

그런 현상이 자주 발생하는 이유는 이렇다. 마음에 숨어 있던 탐욕스러운 욕망을 자극하는 예언이 주어지면, 그것을 거부하기는 너무나 힘들다. 행복을 가져다줄 것처럼 보이는 것을 거부하려면 영적인 강인함이 필요하다. 하나님의 길은 종종 처음에는 (또는 전혀) 우리에게 육체적인 즐거움이나 위로를 가져다주지 않는다. "생명으로 인도하는 문은 좁고 길이 협착하여 찾는 자가 적음이라" 마 7:14.

자칭 선지자

1980년대에 부목사로 섬기고 있을 때, 결혼해서 두 아들을 둔 분을 알게 되었다. 그는 모든 예배에 참여하고, 늘 하나님의 일에 대해 이야기했다. 주님을 위해 정말 뜨거운 열정이 있어 보였다. 하지만 그는 주어진 일에 별로 성실하지 않았다. 단지 남이 알아주는 일이나 다른 사람 앞에서 돋보이는 일만 하려고 했다. 그의 개인적인 삶에서도 여러 경고음이 들렸다. 그는 아내와 아이들에게 지독하게 엄격하며 고압적이었다.

나는 그의 사적인 삶의 문제와 불성실한 태도에 대해 몇 번이나 나무랐지만, 내 말을 듣지 않았다. 마침내 그는 나에게 자신이 선지자라는 예언의 말을 받았다고 털어놓았다. 그것이 바로 그가 패역한 모습으로 변한 이유였다. 왜 위대한 선지자가 일개 동네 목사의 권위에 복종해야 한단 말인가? 그는 자신의 부르심에 부합된다고 생각되는 일에는 복종했지만, 그것은 결코 참된 복종이 아니었다. 그는 교회에서 하던 일을 그만두었고 교회 소그룹을 떠났으며 자기 사역을 시작했다. 이후 그는 한곳에 정착하지 못하고 여기저기를 떠돌아다녀야 했다.

그는 점점 가혹해지고 더욱 고집불통이 되었으며, 몇 달 후에는 경찰이 그의 집에 들이닥치기도 했다. 그 일을 계기로 나와 이야기할 기회가 생겼을 때 나는 그의 삶에서 반드시 다루어져야 할 문제들을 지적했다. 나는 그에게 목사의 말을 경청하지 않으면 앞으로도 이런 일이 계속 일어날 것이라고 경고했다. 이 문제가 먼저 선결되지 않으면, 그의 삶에는 하나님의 어떠한 부르심도 없을 것이라고 이야기했다.

그는 이 말을 듣고 무척 화를 냈다. 그의 패역은 점점 노골적이 되었다. 그는 사람들에게 자기 사역이 유명해질 것이라고 말하고 다녔다. 그는 언젠가 내가 연단에 서서 그에게 사과하게 될 것이라고 경고하기까지 했다(이런 말씀을 받았다고 했다). 그 후 십 년의 시간이 지났다. 그의 아내와 자녀들은 그의 곁을 떠났고, 이제 그들은 이혼한 상태다.

그에게 주어진 '예언의 말씀'은 그저 듣기 좋은 말이었다. 그는 자신이 주님의 선지자라는 말을 들었을 때, 틀림없이 기뻤을 것이다. 그러나 그 열매는 어떠한가? 그것은 그의 삶에서 패역을 강화시켰고 자만과 불순종을 낳았다. 나는 이제 더 이상 그를 도울 수가 없다. 그는 이미 자기 자신에게 율법이 되었다. 아무에게도 복종하지 않는 자칭 선지자가 되어 버린 것이다. 이 얼마나 슬픈 일인가.

잘못된 길에 빠지지 않으려면

나는 이 점을 다시 강조하고 싶다. 오직 예수님의 제자만이 어려운 요구를 받아들일 수 있다. 십자가의 길이 아닌 편안과 인정을 추구하기 시작하면 잘못된 선택을 할 수밖에 없다. 그들은 쉽게 패역에 빠지며 특별히 "주께서 이같이 말씀하시되"라는 꼬리표가 달린 말에는 더욱 쉽게 미혹된다.

모세는 편안함과 인정받는 것 대신에 진리를 받아들였다. 그의 이야기는 신약 성도에게 좋은 교훈이 된다. 그는 이집트의 일시적인 쾌락과 부귀를 포기하고 하나님의 백성과 함께 고난받기를 자처했다. 이기심이 주는 보상을 받기보다 메시아를 위해 고난당하는 것이 낫다고 생각했다 히 11:25-26.

바울은 예수님을 처음 믿는 사람들이 모두 배워야 할 중요한 진리를 말했다. "그리스도를 위하여 너희에게 은혜를 주신 것은 다만 그를 믿을 뿐 아니라 또한 그를 위하여 고난도 받게 하려 하심이라"

빌 1:29. 바울은 이방인에게 보내심을 받은 사도였다. 그는 첫 전도 여행에서 다시 파송받은 교회로 돌아올 때까지 아시아의 네 도시─안디옥, 이고니온, 루스드라, 그리고 더베─에서 목회했다.

> …루스드라와 이고니온과 안디옥으로 돌아가서 제자들의 마음을 굳게 하여 이 믿음에 머물러 있으라 권하고 또 우리가 하나님의 나라에 들어가려면 많은 환난을 겪어야 할 것이라 하고. _사도행전 14:21-22

바울이 번영이나 성공 세미나를 통해 이 어린 신자들의 마음을 굳게 한 것이 아니라는 점에 유의하라. 그는 또한 축복에 대해서도 말하지 않았다.

이것은 그의 마지막 고별 설교였으며, 따라서 그가 신중하게 고른 말들임을 기억하라. 그는 언제 다시 돌아올 수 있을지 몰랐으며, 따라서 어린 신자들을 미혹으로부터 보호하고 지켜 줄 수 있는 말들을 남기고 싶었다. 그는 초점을 바로잡아 주기 원했다. "쉽고 편안한 기회를 찾지 말고, 하나님과 동행하는 길에 환난이 있을 것을 기대하라."

바울의 이런 태도는 고린도 성도에게 보내는 편지에도 잘 드러난다. "그러므로 내가 그리스도를 위하여 약한 것들과 능욕과 궁핍과 박해와 곤고를 기뻐하노니" 고후 12:10. 오늘날 우리에게는 이런 태도가 있는가? 우리는 이런 것들을 기뻐하는가? 바울은 예수님에 대한 자신의 순결을 지켰기에, 순종을 방해하는 그 어떤 충고나 예언도 물리칠 수 있었다.

아가보가 바울에게 쇠사슬에 묶여 예루살렘의 이방인에게 넘겨질 것이라는 예언을 했을 때, 그 예언은 당시 바울의 동료들과 신자들 사이에 적잖은 소요를 불러 일으켰다.

> 우리가 그 말을 듣고 그곳 사람들과 더불어 바울에게 예루살렘으로 올라가지 말라 권하니 바울이 대답하되 여러분이 어찌하여 울어 내 마음을 상하게 하느냐 나는 주 예수의 이름을 위하여 결박당할 뿐 아니라 예루살렘에서 죽을 것도 각오하였노라 하니. _사도행전 21:12-13

바울과 우리의 현재 모습을 비교해 보라. 오늘날 많은 이들이 하나님께서 주신 교회, 사역 팀, 봉사의 자리를 떠나간다. 동료나 선지자로부터 거짓 말씀을 받았기 때문이다. 이런 말들은 보통 그들의 부르심이 얼마나 위대하며, 하늘나라에서 그들이 얼마나 중요한지를 확증하면서 시작된다. 또한 이런 말들은 현재의 자리나 위치에서 환난, 압박, 또는 영적인 메마름을 경험할 때 오는 경우가 많다. 그래서 그들은 이런 말에 귀가 솔깃해지는 것이다.

거짓 선지자는 그들의 불만족을 알아채고 그것에 대해 이야기하며 처음에는 위로의 말을, 그다음에는 그들이 꼭 듣고 싶어 하는 신나고 자극적인 말을 전한다. 이런 말은 그들을 불편함에서 이끌어 내서 성공과 인정과 편안함으로 인도한다. 우리는 이것을 하나님께서 주시는 '승진'으로 오해하지만, 사실은 많은 경우에 하나님께 불순종하는 쉬운 길을 가는 것일 뿐이다.

대부분의 경우 패역은 간교할 정도로 미묘하다. 노골적으로 드러나야만 알아볼 수 있을 정도다. 이런 무지로 인해 많은 제자들이 불순종의 구덩이로 떨어지고 있다.

우리가 예수님께 순결한 자세로 헌신하면 자칫 패역과 타락으로 이끌 수 있는 말들을 받아들이지 않게 된다.

우리는 다음 몇 장을 통해서 교회 안에서 이런 일들이 어떻게 아무런 제재 없이 일어나는지 더욱 자세하게 살펴볼 것이다.

"너는 이 책을 쓰면서 저항을 받게 될 것이다.
이 책은 원수가 나의 교회 안으로 침투해 들어오는
주요한 경로를 드러내기 때문이다."

chapter.10
이세벨의 작전

1997년 여름, 어느 토요일 저녁이었다. 그때 나는 주일 아침 설교를 준비하고 있었는데, 기도 중에 주님이 이렇게 말씀하셨다. "요한계시록 2장을 보아라." 나는 그 말씀에 순종했고, 두아디라 교회와 이세벨이라는 여자에 대해서 읽게 되었다. 거기에서 깊은 인상을 받아 이 본문으로 설교하기로 마음먹었다.

내가 이 주제를 좋아했던 것은 아니다. 혹시 주님께서 내가 전하기를 원하시는 다른 주제는 없는지 여쭈어 보며, 가능하면 이 주제를 피하고 싶었다. 왜냐하면 다른 사람을 통제하거나 억누르기 위해 이 주제를 가지고 설교하는 경우가 많았기 때문이다. "이세벨의 영Jezebel spirit"이라고 부르는 것을 가르치는 사람 중에는 교회 안의 여성들을 억압하는 도구로 이것을 악용하는 경우가 많다. 예수님의 말씀은 그런 의미가 아님을 나는 알고 있었다. 얼마 동안의 실랑이 끝에 나는 주님의 인도에 굴복했고, 다음날 아침에 전할 메시지를 받았다. 이렇듯 주님께서 내게 보여 주신 메시지가 나의 생각을 완전히 바꿔 놓았다는 것을 고백할 수밖에 없다.

오늘날에도 적용되는 메시지

먼저, 두아디라 교회에 보낸 편지를 보자. 이 교회는 신약 성경이 사용되던 때에 아시아에 실존했던 교회다. 이 메시지는 그들이 처한 특정한 상황에 주어진 것이다. 하지만 성경에는 오늘날에도 적용될 수 있는 예언의 메시지가 들어 있다. 나는 이 본문 말씀에 오늘날 우리를 위한 메시지가 분명히 있다고 믿는다.

본문에는 비록 특정 교회와 특정 인물들이 나오지만, 본문의 메시지는 그들에게만 국한되지 않는다. 메시지는 여자, 남자, 개인, 공동체 모두에게 적용될 수 있다. 본문에서 중요한 것은 이세벨이 하고 있는 일이다. 주님은 그녀가 행하는 미혹이 너무나 미웠기 때문에 그것을 모든 사람에게 드러내셨다. 여기에 오늘날 우리를 위한 메시지가 있다. 처음부터 살펴보자.

> 두아디라 교회의 사자에게 편지하라…._요한계시록 2:18

예수께서 일곱 교회에게 전하는 메시지는 각각 "…교회의 사자에게 편지하라"로 시작한다. '사자'에 해당하는 헬라어는 '앙겔로스^{aggelos}'인데, 이 단어의 뜻은 '사자^{messenger}'이다. 세례 요한을 가리키는 말에도 같은 헬라어가 사용되었다. "보라 내가 내 사자를 네 앞에 보내노니 그가 네 길을 준비하리라" 막 1:2.

예수님은 '앙겔로스'를 통해 일곱 교회에게 자신의 메시지를 전하신다. 마치 하나님께서 예수님의 초림 전에 선지자 요한을 통해 그분의 백성에게 메시지를 전하신 것처럼, 예수님의 재림 전에 존재하는 교회에게도 사자를 통해서 메시지를 전하신다. 나는 그 메시지의 핵심이 바로 이 일곱 편지에 담겨 있다고 믿는다.

죽은 교회는 이 메시지를 들을 수 없다

두아디라 교회를 세밀하게 살펴보자.

> 두아디라 교회의 사자에게 편지하라 그 눈이 불꽃같고 그 발이 빛난 주석과 같은 하나님의 아들이 이르시되 내가 네 사업과 사랑과 믿음과 섬김과 인내를 아노니 네 나중 행위가 처음 것보다 많도다. _요한계시록 2:18-19

나는 두아디라 교회가 그리스도인의 수고와 사랑이 풍성한 곳이었음을 먼저 말하고 싶다. 그들은 적극적으로 주님을 섬겼고 그들의 믿음과 인내는 진실했다. 그들은 시간이 지날수록 처음보다 더욱 많이 수고했다. 우리는 주님이 죽은 교회에 말씀하시는 것이 아님을 즉각 알 수 있다. 이 교회는 살아 있었으며 하나님의 일을 위해 애쓰는 능동적인 성도들이었다. 이 교회를 현대식으로 표현한다면, "하나님이 하시는 일의 최첨단에 서 있었다. 잃어버린 영혼에게 다가갔으며, 훌륭한 교훈이 있었고, 성령의 은사가 활발히 역사하고 있었다." 이 메시지는 살아 있는 자들을 위한 분명한 경고였다.

모든 외형적인 면에서 볼 때, 이 교회에는 부족한 점이 없었다. 분별의 눈으로 보지 않으면, 이 성도들은 흠 없는 것처럼 보이겠지만, 예수님은 이들의 훌륭한 행위 속에 감추어진 위험한 결점을 지적해 내셨다. 예수님이 불꽃같은 눈을 지니신 분으로 묘사된 것을 주목하라. 이것은 어떤 어두움이나 외부의 장막을 꿰뚫고 문제의 본질을 볼 수 있는 강력한 능력을 의미한다. 그리고 겉모습을 꿰뚫고 들어가 문제의 뿌리 또는 동기를 드러낸다. 주님은 이렇게 경고하신다.

> 그러나 네게 책망할 일이 있노라 자칭 선지자라 하는 여자 이세벨을 네가 용납함이니…. _요한계시록 2:20

나는 즉각적으로 이세벨이라는 이름을 주목했다. 나는 예전에 늘 그랬듯이, 열왕기상을 펼쳐서 이스라엘 왕 아합의 아내였던 이세벨

여왕의 이야기를 읽었다. 과거에 "이세벨의 영"에 대해서 공부하거나 가르침을 받을 때면, 거의 대부분 구약 성경의 이세벨에 관한 것이었다.

이번에 성경을 펼쳐 들었을 때는 성령께서 다음과 같이 말씀하셨다. "존, 너는 왜 그 여자에 대해 공부하려고 하느냐?"

나는 하던 일을 멈추고 생각했다. '당연히 그렇게 해야 하는 것 아닌가? 모두들 그렇게 하잖아. 이세벨의 영이 무엇인지, 그 행동을 이해하려면 그렇게 해야 할 것 같은데.'

주께서 다시 말씀하셨다.

"존, 예수의 계부였던 요셉에 대해 배우기 위해, 창세기에 나오는 야곱의 아들 요셉을 공부하느냐?"

당황한 나는 대답했다. "아닙니다."

주님께서 다시 말씀하셨다. "창세기의 요셉과 신약의 요셉은 유대인이라는 것과 이름이 같다는 것 외에는 아무런 공통점이 없다. 마찬가지로 열왕기상하의 이세벨과 요한계시록의 이세벨은 아무 상관이 없다. 존, 두아디라 교회의 이 여인의 행동에 대해 네가 알아야 할 모든 것은 요한계시록에 기록되어 있다. 구약에 나오는 다른 이세벨은 논점을 흐리거나 혼란스럽게 할 뿐이다."

이 말씀을 듣고 난 후, 나는 그것을 올바른 관점에서 바라볼 수 있게 되었다는 사실에 흥분했다. 나는 요한계시록으로 되돌아와서 이 활동적인 교회에 대한 예수님의 말씀을 다시 읽었다. 예상대로 구약의 여왕으로부터 초점을 옮기자 전체 이야기가 새로운 조명을 받게 되었다. 그때부터 하나님은 점진적으로 이 미혹의 영이 어떻게 사람들 가운데서 역사하는지, 또한 어떻게 교회를 미혹에 빠트리는지를 보여 주셨다.

교회 안의 이세벨

이 역동적인 교회에 대한 예수님의 메시지를 살펴보자. 세부적인 내용이 아니라 원리에 초점을 맞추어야 한다는 점을 명심하고 주님께서 오늘날 우리에게 하시는 말씀을 들어 보자.

> 그러나 네게 책망할 일이 있노라 자칭 선지자라 하는 여자 이세벨을 네가 용납함이니 그가 내 종들을 가르쳐 꾀어 행음하게 하고 우상의 제물을 먹게 하는도다 또 내가 그에게 회개할 기회를 주었으되 자기의 음행을 회개하고자 하지 아니하는도다 볼지어다 내가 그를 침상에 던질 터이요 또 그와 더불어 간음하는 자들도 만일 그의 행위를 회개하지 아니하면 큰 환난 가운데에 던지고. _요한계시록 2:20-22

몇 가지 배워야 할 요점이 있다. 이번 장에서는 각 요점을 열거하고, 짧게 소개하려고 한다. 다음 몇 장에 걸쳐서 이 요점들을 더욱 심도 있게 논의할 것이다. 처음 두 요점은 의미의 명료성과 강조를 위해 성경 구절에 나오는 순서를 따르지 않았다.

"…자칭 선지자라 하는…"

구약의 이세벨에서 방향을 바꿔, 이 본문에 초점을 맞추자 이 말들이 제일 먼저 눈에 들어왔다. 그것은 내 영혼에 강한 충격을 주었다. 이 여자가 가져온 죄악의 퍼즐을 맞추려면 이것이 중요한 조각이라는 사실을 깨달았다. 그녀는 주님께서 이 직분을 맡기시지 않았음에도 불구하고, 여선지자라는 사역의 직분을 '스스로' 취한 것이다!

"그러나 네게 책망할 일이 있노라 … 여자 이세벨을 네가 용납함이니…"

이 교회는 예수님이 허락하지 않으셨음에도 불구하고, 그녀가 여선지자 노릇하는 것을 용납했다. 다른 번역본은 교회가 그녀의 사역을 "받아들였다"고 말한다. 교회가 하나님이 명령하시지 않은 일을 받아들일 때 우리는 자신을 문제에 노출시키게 된다.

"… 가르쳐…"

'가르치다'에 해당하는 헬라어의 뜻은 "지식을 전하다 또는 교리를 가르치다"이다. 이것은 자기의 삶을 통해 모범적인 생활 방식을 보여 주거나, 말이나 글을 통해 가르치는 것을 뜻한다.

"… 꾀어…"

'꾀다 seduce'에 해당하는 헬라어는 '플라나오 planao'이다. 이 말은 "길을 잃게 하다, 나쁜 길로 빠뜨리다, 바른 길에서 벗어나게 하다"는 뜻이며, "미혹하다"로 번역될 수 있다. 예수께서 마태복음 24장 4절에서 하신 말씀, "너희가 사람의 미혹을 받지 않도록 주의하라"에 쓰인 단어와 같은 헬라어다. 사실, 이 단어는 신약에 47회 나오는데 대부분 '미혹하다'로 쓰였다. 이 여자가 사역을 통해 누구를 미혹하는지 살펴보자.

"… 내 종들을…"

'종들servants'에 해당하는 헬라어는 '둘로스doulos'이다. 바울, 베드로, 야고보, 그리고 다른 예수님의 제자들이 자신을 가리켜 사용한 단어다. 성경 문맥에서 볼 때, 그 단어는 "자발적으로 자신을 바쳐 주 예수의 노예가 된 사람"을 가리킨다. 이 여인의 거짓 예언 사역은 열성적으로 주 예수를 따르며 섬겼던 사람들을 미혹했다. 예수님은 말일에 거짓 선지자들이 일어나 할 수만 있으면 택하신 자들도 미혹할 것이라고 경고하셨다.

이것은 아무리 강조해도 지나치지 않다. 가짜 예언은 진짜와 너무나 유사하기 때문에, 주님께 굳게 헌신한 자들까지 그 목표물이 된다.

"…행음하게 하고 우상의 제물을 먹게 하는도다…"

'행음fornication'에 해당하는 헬라어는 '포르누오porneuo'이다. 세이어Thayer 헬라어 사전은 이 단어가 "불법적인 성교에 자신을 내어

주다"는 뜻이라고 밝힌다. 그것은 또한 "우상 숭배에 내어주다, 또는 다른 사람에 의해 우상 숭배에 자신을 내어주다"로 정의된다. 이세벨은 주님의 진정한 종들을 꾀거나 미혹하여 행음 또는 우상 숭배로 이끌었다.

이것이 육체적인 행음이었는지 아니면 영적인 행음이었는지가 중요한 것이 아니다. 성경 전체를 볼 때, 하나님은 이스라엘의 음란한 우상 숭배를 묘사하기 위해 성적으로 부도덕함을 나타내는 용어를 사용하신다. 그분은 유다에게 이렇게 말씀하셨다. "돌과 나무와 더불어 행음함을 가볍게 여기고 행음하여 이 땅을 더럽혔거늘"렘 3:9. 에스겔 6장 9절에서 하나님은 백성을 향한 슬픔을 이렇게 표현하신다. "그들이 음란한 마음으로 나를 떠나고 음란한 눈으로 우상을 섬겨 나를 근심하게 한 것을 기억하고." 에스겔 23장 37절에서는 이렇게 말씀하신다. "그들이…그 우상과 행음하며." 세상과 벗되려고 하는 사람을 신약 성경은 "간음한 여인"약 4:4으로 비유했다. 이것은 아주 일부 사례에 불과하다. 이러한 구절들을 통해 볼 때, 이세벨의 간음은 육체적인 성교에 국한되지 않는다.

간음에 대해 더욱 폭넓은 정의는 이세벨이 한 사역의 결과에 대해 예수님이 하신 말씀을 통해서도 알 수 있다. "볼지어다 내가 그를 침상에 던질 터이요 또 그와 더불어 간음하는 자들도 만일 그의 행위를 회개하지 아니하면 큰 환난 가운데에 던지고"계 2:22. 이 여인이 미친 미혹의 영향은 주님께서 주목하고 경계하실 만큼 엄청난 것이었다. 그녀가 유혹한 모든 이가 그녀와 실제로 육체적인 관계를 맺었다고는 보기 어렵다. 주님은 그녀와 행음한 사람들에게 성적인 부도덕이 아니라, 그들의 '행위'를 회개하라고 말씀하셨다는 점에 유의하라.

육체적인 것이 아닌, 그 뿌리에 초점을 맞춰야 한다. 육체적인 간음을 행하는 신자는 이미 영적인 간음을 저지른 자이다. 영적인 간음이 선행하며, 그것이 육체적인 간음으로 이어지는 것이다. 그러나 영적인 간음자가 반드시 육체적인 간음을 행하는 것은 아니다. 육체적인 간음이나 간통은 꿈도 꾸지 않는 신자들이 있다. 그들은 이미 그렇게 하기로 확고히 결심했다. 육체적인 성에 관해서 부도덕적인 일이 없기 때문에 자기들은 이 예수님의 말씀과 무관하다고 생각할지 모른다. 그러나 이들 중에도 많은 사람이 영적인 간음이나 우상 숭배에 빠질 수 있다. 왜냐하면 그들은 지식이 부족하거나 혹은 지식을 거부했기 때문이다.

사탄의 미혹의 깊이

오늘날의 사회와 교회는 이세벨 때와는 다르겠지만, 이세벨의 행위에 감추어진 동기는 여전하다. 오늘날의 우상 숭배는 또 다른 모양과 형태를 취한다. 그럼에도 불구하고 똑같은 세력이 그 뒤에서 우리를 엿보고 있다. 이것이 성경에 이 특정한 이야기가 기록된 이유이다. 오늘날 우리에게도 적용되는 경고의 말씀이기 때문이다.

이 책을 쓰던 초반부에 나는 주님이 이렇게 말씀하시는 것을 들었다. "너는 이 책을 쓰면서 많은 저항을 받게 될 것이다. 이 책은 원수가 나의 교회 안으로 침투해 들어오는 주요한 경로를 드러내기 때문이다."

하지만 나는 이 말에 의문을 품었다. '설마. 원수가 교회 안으로 들어오는 수단과 방법 중에는 이것보다 더 효과적인 것들이 많을 것 같은데.' 궁금해진 나는 가짜 예언 사역에 대한 예수님의 말씀을 다시 읽어 보았다.

> 두아디라에 남아 있어 이 교훈을 받지 아니하고 소위 사탄의 깊은 것을 알지 못하는 너희에게 말하노니 다른 짐으로 너희에게 지울 것은 없노라 다만 너희에게 있는 것을 내가 올 때까지 굳게 잡으라. _요한계시록 2:24-25

나는 비로소 이 거짓 사역의 심각성을 깨닫게 되었다. 예수님은 이 교훈을 가리켜 "사탄의 깊은 것"이라고 말씀하신다. 다음 몇 장에 걸쳐서 하나님의 임명 없이 선지자의 직분을 스스로 취하는 것이 얼마나 치명적인 것인지를 자세하게 검토할 것이다.

모세는 자기 힘으로 애쓰는 것이 허망하다는 사실을 일찌감치 깨달은 사람이다.
40년의 광야 기간으로 그는 하나님의 부르심을 앞서 가지 않는 지혜를 얻었다.

chapter.11
스스로를 임명한 사람들

스스로를 임명한 사람들

1980년대에 나는 대략 8천여 명이 모이는 교회에서 11명의 부목사 중 하나로 사역했다. 어느날 교역자 회의 중에 우리 교회의 한 성도에 대해 논의할 기회가 있었다. 정식 교인으로 등록된 것은 그리 오래되지 않았지만, 매우 활동적이었기 때문에 우리 모두는 그를 알고 있었다. 그는 예배 때마다 맨 앞줄에 앉았으며, 기도회에도 열심히 참석했고, 청장년 사역에도 적극적이었다. 기도, 성경 공부, 교회 출석에 많은 시간을 할애하는 것 같았다. 하지만 그를 보면 무언가 석연치 않은 점이 있었다.

회의 중에, 몇 가지 사건들이 수면 위로 떠올랐다. 좀더 면밀하게 사건을 검토해 가다 보니, 이 사람과 개인적으로 접촉한 많은 사람들이 교회를 떠났다는 사실을 알게 되었다. 담임 목사는 나와 다른 목사에게 이 상황에 대해서 즉각 조치를 취하라고 했다.

하지만 나는 이해가 되지 않았다. 찬양 중에 그는 항상 눈물을 흘렸고, 말씀이 선포될 때는 열심히 청종했으며, 여러 분야에서 열심히 봉사했다. 당시 나는 사역을 시작한 지 얼마 되지 않았을 무렵이었기에 왜 이런 일이 발생하는지 알 수 없었다. 그래서 나는 기도했다. "주님, 우리가 무엇을 다뤄야 하는지 가르쳐 주십시오. 이 사람은 주님을 진정으로 사랑하는 것처럼 보이는데, 그의 삶에 맺히는 열매는 좋지 않습니다."

나는 성령께서 즉각 이렇게 말씀하시는 것을 들었다.

"그는 스스로 임명한 선지자다."

며칠 후, 예배를 마치고 나서 다른 목회자들과 함께 이 사람을 만났다. 우리는 문제 상황에 대해 이야기를 나눴다. 그는 하나님께서 자신에게 예언의 말씀을 주셨다고 말했다. 자신의 말과 꿈은 주님으로부터 온 것이라고 계속 주장했고, 하나님이 말하라고 하신 것을 말할 수밖에 없다고 강변했다.

시간이 흘렀지만 우리 이야기는 전혀 진척이 없었고, 나는 그에게 단호하게 말했다. "하나님은 제게 당신이 스스로 임명한 선지자라고 말씀하셨습니다." 바로 그 이유 때문에 그에게서 영향을 받은 이들이 미혹에 끌려갔다고 설명했다. 그는 내 말을 좋아하지 않았지만, 어느 정도 먹혀들었다는 것을 느낄 수 있었다. 우리는 그에게 따라야 할 지침을 주었고, 그는 마지못해 받아들였다.

하지만 실제로는 기분이 상해서 우리의 지침을 따르지 않고도 자신의 "예언 사역"을 계속할 방법을 찾고 있었음을 알았다. 몇 주 지나지 않아, 그는 범법 행위로 체포되었고, 심지어 출소 후에는 소그룹을 만들어 자기 집에서 "예언 사역"을 계속했다. 이후에 그와 그의 아내는 심각한 갈등 끝에 이혼했다.

몇 년 후에 성령께서 요한계시록의 이세벨을 통해 나의 눈을 열어 주셨을 때에야 비로소, 그런 상황들이 이해되기 시작했다. 예수님의 말씀을 다시 검토해 보자.

> 그러나 네게 책망할 일이 있노라 자칭 선지자라 하는 여자 이세벨을 네가 용납함이니…. _요한계시록 2:20

"자칭 선지자라 하는." 이 구절을 주목하라. 하나님이 본문 말씀을 보여 주실 때가 기억난다. 이 구절은 마치 섬광처럼 나의 뇌리에 내리꽂혔다. 나는 이 여인이 하나님이 주시지 않은 영적인 권위와 직분을 '스스로' 취하는 모습을 보았다. 그 과정에서, 그녀는 자기 영향 하에 있는 사람들을 미혹한 것이다.

이 점을 더욱 잘 이해하기 위해 사역의 영적인 직분에 대해서 좀 더 알아보자.

부르심받는 것과 임명받는 것의 차이

많은 미국인들은 '왕국' kingdom 의 원리에 대해 불편해한다. 왕국에는 대를 이어 나라를 다스리는 왕이 있다. 하지만 민주주의에서는 국민들이 지도자를 선출한다. 자유 경제 체제는 모든 이에게 지도자가 될 기회를 부여하지만, 하나님의 왕국은 그런 방식으로 운영되지 않는다.

예수님께서 죽은 자 가운데서 살아나셨을 때 교회에 대한 모든 권세가 그분께 주어졌고, "그가 어떤 사람은 사도로, 어떤 사람은 선지자로, 어떤 사람은 복음 전하는 자로, 어떤 사람은 목사와 교사로 삼으셨[다]" 엡 4:11. 예수께서 직접 사역의 여러 직분에 사람들을 임명하신 것이다. 주님 외에는 그 누구도 사람을 이런 직분에 임명할 수 없다. 주님은 하나님의 성령을 통해서 이 일을 행하신다.

하나님의 임명 없이 스스로 직분을 취할 때마다 우리는 스스로를 높이는 셈이다. 자신을 임명하는 사람은 결국 자신을 섬기게 된다. 하나님의 은혜가 그들과 함께하지 않기 때문이다. 그들은 자기 방식대로 살며 자기만의 세계를 만들어 낼 것이다. 바울은 이렇게 경고한다. "내게 주신 은혜로 말미암아 너희 각 사람에게 말하노니 마땅히 생각할 그 이상의 생각을 품지 말고" 롬 12:3.

히브리서는 영적인 지도자의 직분을 스스로 취하지 말라고 단언한다. "이 존귀는 아무도 스스로 취하지 못하고…하나님의 부르심을 받은 자라야 할 것이니라" 히 5:4. 예수님도 이 직분을 스스로 취하지 아니하시고 아버지께 임명받으셨다. "또한 이와 같이 그리스도께서 대제사장 되심도 스스로 영광을 취하심이 아니요" 5절.

바울이 틈날 때마다 강조하는 것을 들어보라. "예수 그리스도의 종 바울은 사도로 부르심을 받아 하나님의 복음을 위하여 택정함을 입었으니" 롬 1:1.

그는 먼저 "부르심called"에 대해 이야기하고, 다음으로 "택정함separated"을 말한다. 바울은 하나님이 세상의 기초를 놓으실 때 이미 사도로 '부르심'을 받았지만, 구원을 받자마자 사도 직분을 '임명' 받지는 않았다. 바울이 안디옥 교회의 지도자들에게 복종했을 때, 그를 시험하는 기간이 필요했다. 이 시험은 수년간 계속되었다. 그러한 자신의 경험으로부터 바울은 지도자들을 뽑을 때 어떻게 처신해야 할지를 분명히 이야기한다. "이에 이 사람들을 먼저 시험하여 보고 그 후에 책망할 것이 없으면 집사의 직분을 맡게 할 것이요" 딤전 3:10.

이처럼 '택정함separated'은 '택함chosen' 받았다는 의미다. 예수님은 이렇게 말씀하셨다. "청함을 받은 자는 많되 택함을 입은 자는 적으니라" 마 22:14. 다른 말로 하면, 많은 사람이 사역의 직분으로 부르심을 받지만, 소수만이 시험을 통과하여 택함받는 요건을 충족한다.

바울의 삶은 오늘날 우리가 성경적인 삶을 살아갈 수 있는 표본이 된다. 안디옥 교회에서 지내는 초기 수년 동안 바울은 어떤 직분도 수행하지 않았다. 대신에 그는 기존의 지도자들을 지원하며 도왔다. 자신에게 주어진 사역을 신실하게 수행하여 시험을 잘 통과한 후에야 그는 교사 직분으로 세우심을 받았다 딤후 1:11; 행 13:1.

이처럼 바울은 주님이 세우신 직분의 순서와 섬김의 직을 잘 따랐다. "하나님이 교회 중에 몇을 세우셨으니 첫째는 사도요 둘째는 선지자요 셋째는 교사요 그다음은 ⋯ 서로 돕는 것과⋯" 고전 12:28.

바울은 돕는 직분과 함께 교사의 직분에서도 시험을 통과해야만 했다. 또한 바울이 교사에서 사도로 세우심을 받았을 때, 하나님이 사람을 어떻게 택하시는지를 볼 수 있다. 나중에 바울이라고 불리게 되는 사울의 이름이 안디옥 교회의 교사와 선지자들 중에 나타난다.

> 안디옥 교회에 선지자들과 교사들이 있으니 곧 바나바와 니게르라 하는 시므온과 구레네 사람 루기오와 분봉 왕 헤롯의 젖동생 마나엔과 및 사울이라 주를 섬겨 금식할 때에 성령이 이르시되 내가 불러 시키는 일을 위하여 바나바와 사울을 따로 세우라 하시니. _사도행전 13:1-2

성령께서 "따로 세우라⋯"고 말씀하셨다는 사실을 주목하라. 이제 때가 된 것이다. 때와 선택할 사람을 정한 것은 주님이셨다. 오랜 시간 동안 바울은 주님께서 자신을 사도로 부르셨다는 것을 알고 있었다. 그것은 다메섹으로 가는 길에 예수님을 만난 지 삼 일 만에 알게 된 사실이었다 행 9:15.

그러나 이제 예수님은 오래전에 이미 부르셨던 바울을 '택정'하신 것이다. 바울은 자신을 스스로 세우지 않고 충성되게 섬겼다. 나중에 바울은 이렇게 권고한다. "그리고 맡은 자들에게 구할 것은 충성이니라"고전 4:2.

주님은 바울을 임명하실 때, 바울이 충성되게 섬겼던 교회의 기존 지도자들을 사용하셨다. 이 장로들 역시 같은 방식으로 임명된 사람들이었다. 이어지는 말씀을 보자.

> 이에 금식하며 기도하고 두 사람에게 안수하여 보내니라 두 사람이 성령의 보내심을 받아…. _사도행전 13:3-4

3절에 "보내니라…"는 구절 다음에 어떤 말씀이 오는가? "성령의 보내심을 받아…." 지도자들이 바울과 바나바를 보냈으며, 성경은 이것이 성령께서 하신 일이라고 설명한다. 요점은 예수님이 그렇게 하셨다는 것이다.

예수님은 안디옥교회의 예언적 중보 기도 그룹을 사용하거나, 다른 도시에 있는 '예언 컨퍼런스'나 바울이 속해 있지 않은 다른 교회로 보내지도 않았다. 또한 교인 중에서 영적인 은사가 있는 사람을 골라 사용하지 않았다.

대신에 안디옥 교회 안에서 이미 확립하신 권위 즉, 장로들을 사용하셨다. 바로 그런 이유로 하나님은 이렇게 경고하신다. "아무에게나 경솔히 안수하지 말고"딤전 5:22. 현대 영어 번역판은 안수의 의미를 좀 더 설명한다. "안수함으로써 주님을 섬기는 일에 사람들

chapter. 11 _스스로를 임명한 사람들   191

을 너무 성급히 받아들이지 말라." 지도자들은 교회 안에서 섬기는 이들의 충성을 점검한다. 점검하는 중에 하나님께서 그들의 마음에 누군가를 임명하라고 말씀하시면, 그것이 주님의 임명인 것을 확신하게 된다. 주님은 이런 방법을 통해 지도자의 직분에 설 사람들을 임명하시는 것이다.

하나님이 보내셨는가?
아니면 자기 스스로 왔는가?

오늘날 강단이나 회중 가운데는 자신을 선지자로 여기는 사람이 많지만, 실제로 그들 중 대부분은 선지자가 아니다. 종종 그들은 스스로를 임명하거나 자기가 출석하는 교회의 지도자들이 아닌 외부인에 의해 임명을 받는다. 그러나 그들의 삶 속에서 예언적 은사가 나타나거나 직분을 향한 진정한 부르심을 받았다 할지라도 그들은 아직 (하나님에 의해) 임명된 것이 아니다.

하나님은 이렇게 선포하신다.

> 이 선지자들은 내가 보내지 아니하였어도 달음질하며 내가 그들에게 이르지 아니하였어도 예언하였은즉. _예레미야 23:21

내가 겪은 시험 기간이 생각난다. 교회에서 스텝으로 4년을 넘게 섬기던 때였다. 내게 맡겨진 일은 담임 목사와 그 가정, 그리고 손님들을 보좌하는 일이었다. 그것이 내게 맡겨진 일이었다. 시간이 흐르면서 나는 점점 초조해졌다. 소위 '5대 사역'엡 4:11에 빨리 동참하고 싶었다. 나는 내가 부르심받은 것을 알았고, 휴가 때마다 여기저기 다니며 나름대로 준비를 해 나갔다. 어떤 친구들은 순회 사역에 전념하라고 격려하기도 했다. 이런저런 영향으로 나는 교회에서 섬기는 직을 사임하는 문제를 놓고 고민이 되었다.

> 하나님께로부터 보내심을 받은 사람이 있으니 그의 이름은 요한이라.
> _요한복음 1:6

필리핀에서의 사역을 마치고 돌아오는 비행기 안에서 나는 이 말씀을 읽었다. "하나님께로부터 보내심을 받은." 이 구절이 갑자기 눈에 확 들어왔다. 그리고 갑자기 나는 주님의 질문을 듣게 되었다.

"너는 존 비비어로부터 보냄받고 싶으냐, 아니면 나에게서 보냄을 받고 싶으냐?"

"하나님께로부터 보내심을 받고 싶습니다." 내가 대답했다.

"좋다. 네가 스스로를 보내면, 너는 네 권위를 가지고 가게 될 것이다. 그러나 만약 내가 너를 보내면, 너는 나의 권위를 가지고 가게 될 것이다." 하나님의 말씀이었다.

하나님은 설령 내가 스스로를 추천해서 보내더라도 여전히 그분이 주신 은사로 인해 어느 정도 결과는 볼 수 있다고 하셨다. 그러나 그렇게 해서 생긴 결과는 내가 섬긴 사람이나 나 자신에게 영원한 유익을 주지는 못할 것이었다.

주님은 모세가 이와 똑같은 잘못에 빠졌던 사실을 보여 주셨다. 사도행전은 이렇게 말한다. "모세가 애굽 사람의 모든 지혜를 배워 그의 말과 하는 일들이 능하더라"행 7:22. 유아 때부터 그는 애굽의 왕가에서 자랐다. 그는 왕자로 교육받았으며, 당대 최고의 학교에서 지도자로 만들어졌다. 하나님의 손이 그를 지도자로 키웠을 뿐 아니라, 하나님께서 그의 삶에 주신 은사가 이 학교들을 통해 연마되었던 것이다.

그리고 이렇게 이어진다.

> 나이가 사십이 되매 그 형제 이스라엘 자손을 돌볼 생각이 나더니 … 그는 그의 형제들이 하나님께서 자기의 손을 통하여 구원해 주시는 것을 깨달으리라고 생각하였으나 그들이 깨닫지 못하였더라. _사도행전 7:23-25

성경은 모세가 마음속으로부터 하나님이 자신을 구원자로 세우셔서 애굽의 속박을 깨뜨리고 자기 동족을 구하실 것임을 알고 있었다고 분명히 말한다. 그러나 부르심을 받는 것과 임명받는 것은 별개의 일이다.

모세는 자신의 삶에서 개발된 은사와 하나님의 부르심이라고 스스로 확신했던 것을 하나님의 임명으로 착각했다. 그래서 그는 스스로 이스라엘을 해방시키려고 했지만, 결국 실패했다. 자기의 권위로 한 명의 애굽 사람을 죽임으로써 한 명의 이스라엘 사람을 도왔지만, 그것은 한 민족을 구원하는 것과는 거리가 멀었다. 이로 인해서 그는 목숨을 보존하기 위해 도망쳐야 했다.

하지만 그로부터 40년 후, 하나님은 그를 다시 부르셨다. 이번에는 하나님의 권위를 그에게 부어 주셨다. 그 권위로 그를 임명하고 보내셨다. 그러자 모세는 이스라엘을 구원했고, 애굽의 모든 군대가 홍해에 수장되는 것을 목격할 수 있었다.

깨어짐 : 섬김을 위한 필수 조건

모세는 자기 힘으로 애쓰는 것이 허망하다는 사실을 일찌감치 깨달은 사람이다. 40년의 광야 기간으로 그는 하나님의 부르심을 앞서 가지 않는 지혜를 얻었다. 하나님의 때보다 앞서 나가려는 것은 사역으로 부르심을 입은 자들의 공통된 몸부림이다. 지혜로운 자는 한 걸음 물러설 줄 알며, 주님이 깨뜨리고 훈련시키는 과정을 순순히 받아들인다. 하지만 미련한 자들은 그분의 과정을 거스르며, 자신의 사역을 밀고 나간다.

예수님은 이렇게 경고하신다.

이 돌 위에 떨어지는 자는 깨지겠고 이 돌이 사람 위에 떨어지면 그를

가루로 만들어 흩으리라 하시니. _마태복음 21:44

예수님은 부딪치는 돌$^{\text{Stumbling Stone}}$이다. 주님께서 깨뜨리는 과정은 조련사가 군마를 길들이는 것에 비유된다. 말은 그 의지가 깨지기 전에는 전투에 나갈 수 없다. 그가 주위의 어떤 말보다 더 강하고 **빠르며** 재주가 많을지라도 고집이 잡히지 않는다면 쓰임받을 수 없는 것이다.

여기에서 깨진다는 것은 자기 의지가 주님의 의지에 완전히 복종하게 됨을 말한다. 화살과 총탄이 빗발치는 극렬한 전투 속에서도 그는 결코 물러서지 않는다. 도끼와 검과 총이 난무하는 상황에서도 그는 주인의 의지를 거스르지 않는다. 그는 흔들림 없이 주인에게 복종할 것이며 자신을 위하거나 자신을 보호하려 하지 않을 것이다.

주님은 개인에게 꼭 맞게 이러한 깨어짐의 과정을 허락하신다. 이때가 언제 끝날지는 주님만 아신다.

주님께서 내 삶을 깨뜨리신 과정을 나는 기억한다. 당시 나는 내 자신이 사역을 위해 준비가 다 되었다고 스스로 확신했다. 나는 이렇게 외치곤 했다. "주님의 권위에 완전히 복종합니다. 저를 부르신 그 사역에 준비가 되었다는 것을 압니다." 그러나 지혜로우신 주님은 내가 아직 깨어지지 않았음을 아셨다.

깨어지는 과정에서 우리는 권위에 대한 복종의 문제에 직면한다. 이 권위는 하나님의 직접적인 권위일 수도 있고, 하나님께서 위임하신 권위일 수도 있다. 하지만 그것은 중요하지 않다. 왜냐하면 모든 권위는 하나님으로부터 나기 때문이다롬 13:1-2. 하나님은 우리 각자를 위한 완벽한 과정을 아신다.

하나님은 두 명의 왕을 세우셔서 깨뜨리는 과정을 생생하게 대비시켜 보여 주셨다. 바로 사울과 다윗이다. 사울은 깨어짐의 과정을 거치지 않았다. 깨어지지 않은 자에게 권세와 권력이 주어지면 어떻게 되는지를 잘 보여 주는 비극적인 사례이다. 사울은 자기의 목적을 위해서 자신의 권위와 하나님이 주신 은사를 이용했다.

반면 다윗은 하나님이 택하신 자였다. 그는 몇 년 동안 깨지고 훈련받는 과정을 거쳤다. 그 대부분이 사울 왕과 연관되어 있는데, 하나님은 사울이라는 권위 아래 다윗을 두신 것이다. 다윗은 가혹하게 시험받았지만, 그는 하나님의 권위에 복종했다. 이를 지켜보신 하나님은 그를 권위의 자리로 옮기셨다. 비록 다윗은 실수를 했지만, 언제나 하나님의 권위 앞에서 겸손하게 신실했다.

반대로, 사울은 자신의 계획이나 의도와 맞을 때에만 하나님께 순종했고, 그렇지 않을 때는 흔들렸다. 그는 주님의 말씀에 자기의 동기를 보탰다.

사무엘은 이러한 사울의 불순종을 지적했고 심하게 꾸짖었다. "완고한 것은 사신 우상에게 절하는 죄와 같음이라"삼상 15:23. 사무엘은 그의 완고함이 우상 숭배라고 못 박았다. 왜 그런가? 그것은 하나님의 권위에 대한 직접적인 불순종이기 때문이다. 그것은 자신을 주인으로 만드는 것이다.

우리가 살고 있는 민주 사회는 불순종을 배양하는 온상과도 같다. 이 때문에 우리는 권위에 복종하는 것이 어떤 것인지 잊어버렸다. 진정한 복종은 결코 흔들리지 않는다. 하지만 오늘날 우리는 자기 생각으로 동의할 때만 복종한다. 권위가 우리 뜻이나 방향과 어긋난 길로 가면, 우리는 불순종하거나 더 나은 선택이 가능해질 때까지만 억지로 따라간다. 이러한 태도는 우리를 미혹이나 거짓 예언 사역에 속기 쉽게 만든다.

요한계시록에서 이세벨이라는 여자는 권위의 직분을 받은 자, 즉 여선지자를 자칭했다. 그리고 하나님의 종들을 우상 숭배에 빠지도록 가르치고 유혹했다. 이것이 하나님 나라의 권위에 대한 완고함과 불복종을 낳았던 것이다.

이 장의 서두에서 언급했던 사람에 대해서 한 가지만 더 이야기 하겠다. 비록 그가 예배를 드리며 울었지만, 그는 깨어지지 않았고, 통회하지 않은 것이 분명했다. 그는 교회에서 권위의 자리에 있는 자들에게 복종하지 않았다. 이러한 완고함이 다른 사람들마저 우상 숭배 즉, 불순종으로 이끌었다. 성숙한 이들에게는 그의 열매가 분명하게 보였지만, 어리고 약하며 다친 양들은 그에게 이끌렸다. 바울이 믿는 자들에게 한 말을 기억하라. "또한 여러분 중에서도 제자들을 끌어 자기를 따르게 하려고 어그러진 말을 하는 사람들이 일어날 줄을 내가 아노라" 행 20:30.

다음 장에서는 자칭 선지자들이 안락함을 이용해서 다른 사람들을 참된 영적 권위에서 끌어내어 자기에게로 이끄는 것에 대해 알아볼 것이다. 이것은 너무나 미묘한 것이어서, 적절한 하나님 말씀의 기초가 없이는 누구나 쉽게 그 제물이 될 수 있다.

깊은 영감을 받았다 해서 자기를 높이는 근거가 될 수는 없다.
하나님이 주시는 권위가 없으면,
여러분은 미혹을 통해 잘못된 권위를 행사할 수밖에 없다.

chapter.12
이세벨의 속임수

　얼마 전에 미 북부 지역의 한 교회에서 집회를 인도한 적이 있었다. 이 교회에서 갖는 두 번째 집회였다. 이 교회는 인구가 10만여 명쯤 되는 도시에 있었는데, 천여 명 정도의 교인이 모이는 꽤 규모가 큰 교회였다. 이 지역의 다른 어떤 교회도 이만큼 성장한 곳은 없었다. 담임 목사는 능력이 있고 열정이 넘치는 지도자였다.
　이전 해의 집회는 정말 좋았다. 하나님의 말씀을 사모하는 사람들의 열정이 대단했다. 설교할 분위기가 잘 잡혀 있었고, 예배를 통해 많은 열매가 맺혔다. 그래서 나는 하나님께서 두 번째 집회를 통해 어떤 일들을 하실지 정말 기대가 되었다.
　첫 예배는 주일 아침이었다. 그러나 나는 이전 집회와는 전혀 다른 기류를 느끼고 당황했다. 설교할 때 거대한 벽과 대면하는 느낌이었다. 나는 당황한 나머지 스스로에게 물었다. '여기가 정말, 1년 전에 설교했던 그 교회가 맞나?' 그때와는 너무나 달랐다. 나는 일종의 점괘가 이 교회에 큰 영향을 미치고 있다는 확신이 들었다.

아침 예배에서는 이 문제에 대해 아무런 말도 하지 않았지만, 오후 호텔 방에서 나는 주님께 물었다. 주님은 내가 아침에 느꼈던 것에 대해서 확증을 주셨다. 이 교회는 이세벨의 영에 의해서 미혹을 받은 것이었다. 어떤 사람이 교회를 방문한 다음에 그런 일이 생겼는지 아니면 이 교회 안에서 그런 문제가 생겼는지는 알 수 없었지만 기존의 교회 질서와 권위 체계가 일종의 거짓 예언으로 인해 심각한 상처를 입었다는 것을 알 수 있었다. 그날 저녁 예배에서 이 문제를 정면으로 다루어야 했다.

나는 요한계시록에 나오는 두아디라 교회를 향한 예수님의 메시지를 전했다. 교인들의 반응에서 패역과 저항의 기운을 쉽게 감지할 수 있었다. 영적 분위기는 아침보다 더 심각한 상태였다. 그러나 나는 하나님 말씀의 권위를 느꼈고, 그 메시지가 문자 그대로 저항의 기류를 뚫고 가르는 것을 알 수 있었다. 점괘가 하나님의 말씀의 빛 앞에서 그 실체가 노출되면서, 패역이 점점 약해지는 것을 느꼈다.

한 시간 넘는 설교가 끝난 다음에 나는 '자신이 이세벨의 영의 공격과 영향을 받았다'고 생각하는 사람은 자리에서 일어서라고 말했다. 그들이 미혹받았던 패역으로부터 회개함으로써 자유를 향한 첫 걸음을 뗄 수 있음을 분명하게 선포했다. 그러자 놀랍게도 70퍼센트가 넘는 교인들이 자리에서 일어났다. 그들을 위한 기도를 마치자 그제서야 자유롭고 감격스러운 새로운 분위기가 자리잡았다.

예배가 끝난 다음, 담임 목사가 급히 사무실로 왔다. 무언가 중요한 이야기가 오고갈 것임을 직감했지만, 그분이 구체적으로 무슨 말을 꺼낼지는 감이 오지 않았다. 그분은 문을 걸어 잠그고는 깊은 안도의 한숨을 내쉬었다.

"존, 이제 내가 그동안 어떤 일을 겪었는지 말씀드릴 수 있겠어요." 그때까지 그는 내게 아무 이야기도 하지 않았었다. 말을 건네는 그의 얼굴이 엄숙했다. "지난 30일 동안 겨우 20시간밖에 자지 못했습니다."

그의 얼굴을 바라보니 많이 지쳐 있음을 알 수 있었다.

내가 물었다. "왜죠? 무슨 일이 있었던 건가요?"

그가 대답했다.

"5개월 전에 유명한 예언 사역자를 우리 교회에 초청했던 때부터 일이 시작되었습니다. 아시다시피 우리는 교회 건물을 신축 중이었죠. 이분은 우리 교인들 사이에서 일어서더니 개인적인 예언을 말하기 시작했습니다. '주님께서 지금 건축 중인 교회 건물이 너무 작다고 하십니다.' 그 사역자는 주님께서 앞으로 하실 위대한 일들을 위해 지금보다 두 배 더 큰 건물을 지으라고 하신다고 했습니다.

존, 나는 8만 5천 달러를 들여 준비한 설계도면, 건축 계획, 여러 공과금을 포기하고 새로 시작해야 했습니다. 하나님께서 우리에게

시키신 대로 성전을 짓고 싶었지요."

그는 말을 이어 갔다.

"하지만 그게 전부가 아니었습니다. 이 사람은 우리 찬양팀에 대해서 잘 알고 있었고, 우리가 찬양 CD를 내려고 한다는 것도 알고 있었어요. 그는 우리에게, 하나님이 말씀하시기를 6개월 내에 CD를 내라고 하신다고 했습니다. 우리 찬양팀은 신이 났지요. 이를 위해 우리는 2만 5천 달러 상당의 녹음 장비를 구입해야 했습니다. 그 당시 우리 상황에서는 부담스러운 일이었지만, 하나님의 뜻을 거스를 수는 없었지요. 그래서 그렇게 무리를 해서 CD를 냈지만, 결과는 신통치 않았습니다."

그 일이 있은 지 몇 달 후에, 그를 감독하는 남부의 교회 목회자가 방문하여 그를 앉혀 놓고 이런 일들이 한계를 벗어난 것임을 일깨워 주었다고 했다. 그 감독 목사는 교회 건물을 두 배로 짓는 것에 반대하면서 그것은 문제만 일으키게 될 것이라고 조언했다.

그가 계속해서 말했다. "존, 나는 건물을 너무 크게 짓는 것이 잘못됐다는 감독 목사님의 말씀이 옳다는 것을 알았습니다. 내게서 그 짐이 떠나 땅에 내려짐을 느꼈지요. 하지만 그때 큰 문제가 발생했습니다. 이 예언이 교인들과 교회 중진들 앞에서 선포되었기 때문에 이제 그들은 내가 주님의 말씀을 믿지 않고 불순종한다고 생각했습니다. 예언이라는 흥분의 도가니 속에서 모든 경건한 지혜는 바람에 날아가 버린 것 같았습니다."

그는 잠시 숨을 고르더니 다음과 같이 말했다. "하룻밤 사이에 교회의 목사와 지도자로서, 그리고 하나님의 사람으로서 제 모든 영적 권위를 송두리째 빼앗긴 것 같았습니다. 하지만 오늘밤 하나님께서 그것을 다시 회복시켜 주셨습니다."

다음 날 그분과 나는 5개월 전 모임에서 일어났던 일에 대해서 자세히 이야기했는데, 또 다른 재미있는 점을 발견했다. 그들은 이 사역자를 친구로서 환영했는데, 그는 주보에 자신을 예언 사역자로 소개하지 않은 것에 대단히 불쾌함을 느꼈다고 한다. 그는 교인들 앞에서 소개받는 자리에서까지 이 문제를 또 거론했다.

성경은 사람이 아니라 하나님만이 선지자와 종들을 세우신다고 가르친다. 사람들에게 칭송받는 자는 하나님 나라에서는 칭찬받지 못하는 경우가 많다. 예수님의 말씀을 기억해야 한다. "모든 사람이 너희를 칭찬하면 화가 있도다 그들의 조상들이 거짓 선지자들에게 이와 같이 하였느니라"눅 6:26.

예수님은 두아디라 교회의 이세벨이 선지자를 자칭했다고 말씀하셨다. 그녀는 그 직분을 스스로 취했고, 사람들의 인정을 요구했다. 이세벨은 의사소통에 탁월했음이 틀림없다. 그렇지 않았다면, 그녀의 가르침을 통해 그렇게 많은 사람을 미혹하지 못했을 것이다. 우리가 얼마나 의사소통에 탁월하든지 간에 우리의 동기가 우리 자신에게로 사람을 이끄는 것이라면, 필연적으로 잘못된 열매를 맺을 수밖에 없다.

더 큰 교회 건물을 짓고 은혜로운 찬양 CD를 제작하는 것은 하나님의 생각처럼 들릴 수 있다. 이런 종류의 예언은 사람들에게 흥분을 일으키고, 그럴듯한 꿈을 심어 준다. 문제는 사람들이 가짜 예언을 따르게 되면서, 하나님의 권위와 뜻은 왜곡된다는 것이다. 그들의 눈은 이전에 그들에게 주어진 것과 그들 속에서 충성스럽게 수고했던 지도자들로부터 멀어지고, 오히려 거짓 예언자의 말을 받아들인다. 알지 못하는 사이에 그들은 하나님의 권위로부터 떨어져 나가게 된다. 이런 일은 한두 군데에서 일어나는 것이 아니다. 나는 여러 교회에서 이런 사건을 비일비재하게 목격했다.

권위를 무너뜨리려는 이세벨 사역

두아디라의 이세벨은 미혹의 영을 통해 다른 사람들에게 영향을 미쳤다. 이것은 스스로를 임명한 오늘날의 거짓 선지자들이 곧잘 사용하는 전략을 잘 보여 준다. 이런 유형의 거짓된 예언 사역을 통해 주님의 종들은 종종 불순종에 빠지거나 다른 형태의 현대식 우상 숭배로 이끌린다. 이것이 심각한 문제가 되는 이유는 대부분의 사람들은 오랜 시간이 흘러도 자신이 죄에 빠져들었다는 사실을 깨닫지 못하기 때문이다.

이세벨의 영향력은 강대상 위에서 끝나지 않는다. 영적으로 굶주린 성도들이 교회 밖의 모임 즉, 특별 집회, 성경 공부, 기도 모임 등에 참석하는 경우에도 그런 일이 자주 발생한다. 거짓 선지자들은 영적으로 굶주린 성도들에게 대단히 영적인 존재로 비춰지곤 한다. 오랜 시간 기도에 헌신하며 쉬지 않고 계시를 받는 것처럼 보이기도 한다. 목회자보다 더 영적인 분별력이 뛰어난 사람들처럼 보일 때도 있다. 그들은 자신들이 목회자를 도와주어야 한다고 생각한다(물론 열심히 기도하는 분들을 모두 이세벨로 매도하는 것은 아니다).

그들과 함께 있다 보면, 당신의 영성은 무척이나 초라하게 느껴질 정도다. 그들은 하나님이 기도, 환상, 꿈을 통해 자기들에게 많은 것들을 보여 주셨다고 말한다. 당신이 하나님과의 관계에서 조금이라도 확신하지 못하는 영역이 있다면, 그들 앞에서 영적으로 주눅이 들 수밖에 없다. 이세벨 사역은 바로 이런 것을 노린다. 당신에게 겁을 주어 자신들의 생각에 복종시키려고 하는 것이다.

당신이 영적으로 강하다면 다른 계책을 사용한다. 아첨을 늘어놓거나, 자만하도록 부추기는 것이다. "당신의 영성이 남편보다 월등히 높다는 것을 주님이 보여 주셨습니다." 이것이 사실일 수도 있고 그렇지 않을 수도 있지만, 그렇다고 한 가정의 권위 체계를 바꿀 수는 없다. 그것이 노리는 것은 하나님이 당신을 보호하기 위해 주신 권위로부터 당신을 끌어내리려는 것이다. 여러분을 격리시키고, 하나님의 계시에 대해서 그들에게 의존하게 만들려는 것이다.

은사와 권위 비교

당신에게 영적인 은사와 통찰력이 있을지 모르지만, 권위의 직분은 그런 은사를 기초로 주어지는 것은 아니다. 하나님은 성령을 통해 은사를 나눠 주시지만, 다스리는 직분은 주님이 친히 세워 주시는 것이기 때문이다. 우리가 그 은사와 직분을 혼동할 때 문제에 **빠진다**.

자신을 선지자로 생각하는 사람들에게는 대부분 그 분야에 대한 은사가 있다. 그들은 이 은사를 계발했고, 사람들의 삶을 들여다보거나 감지할 수 있다. 그러나 은사를 가진 자가 예수님의 주 되심과 다스리는 권위에 복종하지 않을 때 그 은사는 자신의 의지를 따르게(복종하게) 된다. 이런 상황에서 그 은사가 오용되거나 왜곡되기 쉬워진다. 그 동기가 자신을 위한 것이 되기 때문이다. 그들은 은사를 권위로 혼동하고 자기를 높이면서 은사를 왜곡하게 된다. 하지만 우리가 은사를 받았기 때문에 곧바로 권위의 직분을 받거나 저절로 받을 준비가 되는 것은 아니다.

민수기에 나오는 모세의 누이와 형의 행동을 통해 우리는 이에 대한 탁월한 실례를 볼 수 있다.

> 모세가 구스 여자를 취하였더니 그 구스 여자를 취하였으므로 미리암과 아론이 모세를 비방하니라 그들이 이르되 여호와께서 모세와만 말씀하셨느냐 우리와도 말씀하지 아니하셨느냐 하매 여호와께서 이 말을 들으셨더라. _민수기 12:1-2

그들은 모세가 잘못을 저질렀다고 믿었고, 자신들이 모세를 다스리는 권위에 있기라도 한 것처럼 그를 꾸짖었다. 그들이 이 말을 천막 안에서 개인적으로 말했는지, 아니면 사람들 앞에서 공개적으로 말했는지는 분명하지 않다. 하지만 어떤 경우든 주님은 그들의 말을 들으셨다.

그들의 말과 의도는 하나님께 매우 불경한 것이었다. 하나님은 진노하셔서 그들 세 사람을 불러 자신의 임재 앞에 세우시고, 미리암과 아론에게 이렇게 물으셨다. "너희가 어찌하여 내 종 모세 비방하기를 두려워하지 아니하느냐"민 12:1-8. 그리고 곧 그분의 임재가 그들을 떠나갔고, 미리암은 나병에 걸렸다.

어떻게 모세의 형제들은 잘못 판단하는 죄를 짓게 되었을까? 그들의 말 속에 그 답이 들어 있다. "여호와께서 모세와만 말씀하셨느냐 우리와도 말씀하지 아니하셨느냐"민 12:2. 하나님은 진정 미리암과 아론에게도 말씀하셨다. 그들 모두는 초자연적인 은사를 받았으며, 아론은 제사장이기도 했다.

그러나 그들은 자신의 삶에 주신 은사를 이용해서 하나님이 그들 위에 두신 권위보다 자신을 더 높였다. 하나님이 즉시 이 잘못을 밝히지 않으셨더라면, 그들은 같은 논리로 다른 많은 사람들을 잘못된 길로 이끌었을 것이다. 모든 사람들이 두려워하도록, 그들은 모든 회중 앞에서 심판을 받았다. 그러나 그들이 이 죄를 회개했을 때, 둘 다 용서받고 회복되었다.

미리암과 아론은 거짓 선지자들이 아니었다. 하지만 그들이 하나님께 받은 심판을 보면 권위와 은사의 차이를 잘 알 수 있다. 만약 그들이 그 잘못을 지속했더라면, 결국 거짓 선지자가 되고 말았을 것이다.

깊은 영감을 받았다 해서 자기를 높이는 근거가 될 수는 없다. 하나님이 주시는 권위가 없으면, 여러분은 미혹을 통해 잘못된 권위를 행사할 수밖에 없다. 자신의 거짓 권위를 세우기 위해, 하나님이 주신 권위 체계로부터 다른 이들을 죄로 이끌어 낸다는 의미다.

네 날개를 펴라

다음 사례는 내가 설교했던 교회의 목회자 부부에게서 들은 이야기다. 내가 이 주제로 책을 쓴다는 말을 듣고는 다른 이들을 보호하려는 의도로 자신들이 겪었던 아픔을 기꺼이 나누어 주었다. 그는 이렇게 이야기를 시작했다. "이것은 우리가 결코 경험하고 싶지 않았던 슬픈 이야기입니다."

그는 하나님의 사람으로서 미국의 대도시에 있는 대형 교회에서 30년 이상 목회했다. 수석 부목사는 25년을 그와 함께했고, 대부분의 스텝들이 10년 이상 그를 도와 온 터였다. 그 교회는 선교와 구제에 매우 적극적이었으며 매우 안정적이고 건강한 교회였다. 다음은 그분의 말이다.

그렇습니다. 우리 교회는 자칭 '여선지자'라는 여인에 의해 영향을 받았습니다. 슬프게도, 제가 15년 이상 지도했던 청소년부 목사가 그녀의 조종을 받게 되었습니다.

그녀는 사람들 사이를 돌아다니며 주님께서 자신의 백성을 해방시키기 원한다고 예언했습니다. 그리고 그녀는 교회의 지도자인 우리가 사역을 통해 사람들을 억압하고 있다는 암시를 주었습니다.

그 거짓말이 우리 청소년부 목사를 사로잡았고 그에게 교회와 목회자 자에 대한 불만을 심었으며, 그는 확증을 얻기 위해 다른 선지자들을 찾아다니기 시작했습니다.

어느 날 갑자기 그는 자신이 열방으로 부르심을 받았다고 이야기하기 시작했습니다. 그리고 다른 '선지자'[나는 이 선지자가 누구인지 안다. 그는 매우 유명한 사역을 하고 있다.]를 접촉하기 시작했고, 그 선지자는 그에게 이런 말을 했습니다. "지금은 당신의 삶에서 새로운 일을 행할 때이며, 변화의 시기입니다. 하나님은 당신의 비전을 넓히시고, 사역을 확장하실 것입니다."

선지자들로부터 이런 '확증'을 들은 그는 우리를 향해 마음을 닫고, 우리의 호소를 듣지 않았습니다. 우리가 이러한 그의 태도를 지적하자 그는 매우 화를 냈으며 더욱 방어적인 태도를 취했습니다. 그는 우리가 "하나님이 자신에게 주신 꿈"을 따르지 못하게 하는 거짓 무리라고 확신했습니다.

마침내 그는 장대한 계획을 발표했고, 자신의 꿈을 좇기 위해 조국을 떠났습니다. 그들은 약속이 성취될 땅으로 가서 예술 학교를 건립하고 지친 목회자를 위한 센터를 설립하며, 소수자, 동성애자 등을 향한 그의 특별한 소명을 따르고자 했습니다.

하지만 그로부터 3년이라는 시간이 지났지만 아무런 꿈도 이루어지지 않았습니다. 결국, 그의 아내는 상처를 입었고 네 자녀는 위기에 빠졌습니다. 우리 교회 출신의 또 다른 청년은 가족과 단절되었으며, 여러 젊은이들이 혼란과 분노에 빠지게 되었습니다. 이것이 '자칭 선지자라고 하는 이세벨'이 거둔 수확이었습니다.

그 청소년부 목사는 교회를 떠난 후 그에게 예언의 말씀을 주었던 유명한 선지자에게 가서 함께 일하기 시작했다. 하지만 그가 도착한 지 얼마 되지 않아 이 선지자는 다른 주에서 교회를 시작하기 위해 그를 남겨 두고 떠나 버렸을 뿐이었다.

나는 그 담임 목사 교회에서 네 번의 설교를 마친 다음에야 이런 이야기들을 들을 수 있었다. 나는 순종, 용서, 주님을 경외함에 대해 설교했다. 마지막 날 밤, 그 교회에서 7년간 일해 왔던 찬양 담당 목사가 담임 목사의 어깨에 기대 울고 있는 것을 목격했다. 그와 그의 아내는 담임 목사 내외를 꽤 오랫동안 포옹하고 있었다.

다음 날, 이 찬양 담당 목회자가 나를 공항에 데려다 주었다. 그는 그 청소년부 목사에게 예언의 말을 했던 '선지자'가 "날개를 펴고 나아가라"와 비슷한 말을 자기에게 했다고 고백했다. 비록 그는 그때 교회를 떠나지 않았지만(아내가 반대했기 때문에), 이 말씀 때문에 담임 목사를 끊임없이 의심하게 되었다고 고백했다. 그의 마음이 예전과 달라졌기 때문에 담임 목사와의 관계가 수년 동안 좌초된 것이다. 이 몇 마디 예언의 말이 그를 불순종과 완고함으로 유혹했던 것이다. 이에 대한 하나님의 경고를 들으라.

> 형제들아 내가 너희를 권하노니 너희가 배운 교훈을 거슬러 분쟁을 일으키거나 거치게 하는 자들을 살피고 그들에게서 떠나라 이 같은 자들은 우리 주 그리스도를 섬기지 아니하고 다만 자기들의 배만 섬기나니 교활한 말과 아첨하는 말로 순진한 자들의 마음을 미혹하느니라. _로마서 16:17-18

이 여인과 유명한 선지자의 말은 교활하고 아첨하는 말이었다. 그 말들은 마치 성령이 하시는 말씀처럼 들렸는데, 성경의 용어들로 수놓아져 있었기 때문이다. 그러나 그 말들은 사람들의 마음에 교만의 씨를 뿌려 놓았고, 현재 섬기는 일이 하찮은 것이라도 되는 듯, 더 높은 부르심을 받으라고 부추겼다. 그러자 이미 마음속에 자리 잡고 있던 그들의 불만족이 드러났다. 그 예언은 건전한 교훈을 따른 것이 아니었고, 이 두 사람의 이기심을 이용한 것이었다.

성경은 오직 하나님이 세워 주신 장로들, 즉 섬기는 교인들의 삶을 잘 아는 장로들이 말씀을 선포해야 한다고 분명히 밝히고 있다. 아첨하는 거짓 예언은 사람들의 분별력을 가리고, 그들을 하나님의 권위로부터 떼어 놓았다.

이 예언을 전한 여인에 대해 담임 목사에게 물어보았다. 그녀는 교회 안에서 예언의 정확성이 꽤 높은 것으로 유명한 사람이었다.

하지만 우리는 정확성이 말씀의 정당성을 입증하지는 않는다는 사실을 이미 배웠다. 입증은 오직 그 열매가 하는 것이다.

> 너희 중에 선지자나 꿈꾸는 자가 일어나서 이적과 기사를 네게 보이고 그가 네게 말한 그 이적과 기사가 이루어지고 너희가 알지 못하던 다른 신들을 우리가 따라 섬기자고 말할지라도 너는 그 선지자나 꿈꾸는 자의 말을 청종하지 말라 이는 너희의 하나님 여호와께서 너희가 마음을 다하고 뜻을 다하여 너희의 하나님 여호와를 사랑하는 여부를 알려 하사 너희를 시험하심이니라 너희는 너희의 하나님 여호와를 따르며 그를 경외하며 그의 명령을 지키며 그의 목소리를 청종하며 그를 섬기며 그를 의지하며. _신명기 13:1-4

이스라엘 백성 가운데 있던 이 선지자들은 이방 신을 섬기는 자들이었다. 그것이 그들의 우상이었다. 우상은 그 자체로는 아무것도 아니지만, 사람의 마음속에 있는 탐욕에 의해서 탄력을 받는다. 우리는 완고함, 곧 패역이 우상 숭배의 일종이라는 것을 배웠다. 이 성경 말씀을 오늘날 우리에게 어떻게 적용할 수 있을까?

만약 어떤 말씀이 여러분을 하나님의 방향이나 하나님이 위임하신 권위로부터 멀어지게 하면, 그것에 주의를 기울이지 말라. 이런 말들이 정확하고, 실제로 그대로 이루어진다고 할지라도, 우리는 이런 말들에 귀를 기울여서는 안 된다고 말씀하신다. "이는 그가 너희의 하나님 여호와를 배반하게 하려 하[기 때문이다]"_신 13:5.

위에서 말한 담임 목사와 다시 이야기할 기회가 있었다. 그분과 찬양 담당 목사와의 관계가 회복되었다는 이야기를 듣고 기뻤다. "그분은 전보다 더욱 신실하게 섬기고 있습니다." 또한 그분이 거짓 예언에 대해 더 조심하게 되었다는 이야기도 했다.

나는 여러분이 이런 사례들을 통해 예언 사역에 대한 하나님의 뜻을 잘 이해하고, 배우며, 경고를 받게 되기를 기도한다. 바울은 이렇게 기술한다. 그리하여 거짓 예언으로 인한 속임수를 조금이라도 경험하지 않기를 바란다. 바울은 "불순종하고 헛된 말을 하며 속이는 자가 많[다]"디 1:10고 경고한다. 아, 오늘날 우리에게도 얼마나 꼭 들어맞는 말인지! 교회 역사를 통틀어 거짓 선지자들이 교활한 말과 아첨의 말로 사람들을 미혹한 사례는 책 한 권으로도 다 담아낼 수 없을 정도다! 참된 부르심을 받은 수많은 사람들이 이러한 미혹을 받아 하나님이 마련해 주신 자리에서 떠나갔다.

유혹을 받은 남녀들이 이세벨의 유혹을 받아들이게 되면, 대개는 힘들고 메마른 시간을 보내게 된다. 비록 우리가 신앙 때문에 신체적인 박해를 받지는 않더라도 여전히 하나님은 우리를 강하게 하실 길을 예비해 두셨다.

전쟁을 준비하는 군인들을 훈련시키기 위해 편안한 온천 휴양지를 선택하지는 않는다. 그들은 신병 교육대로 가서 몇 주간을 험하고 불편한 훈련을 통과해야 한다. 이것이 앞으로 있을 전쟁을 대비한 사람들을 위해 적절한 준비가 된다. 신 나고 편안한 약속들은 많은 경우 하나님이 주시는 것은 아니다.

거짓 선지자는 하나님께서 맡기신 은사를 이용해서
사람들을 자기에게로 이끈다.

chapter.13
열매로 선지자를 분별하라

구약 성경의 이스라엘 백성은 애굽에서 구원을 받고 시내 산에 이르렀을 때에 하나님의 영광에 관해 큰 약속을 받았다. 애굽은 이 세상 체계를 상징한다. 이스라엘의 출애굽 사건은 예수님의 구원을 통해 우리를 일시적인 세상에서 구원하시는 것에 대한 상징이다. 하나님은 이스라엘에게 이렇게 말씀하신다.

내가 어떻게 독수리 날개로 너희를 업어 내게로 인도하였음을 너희가 보았느니라. _출애굽기 19:4

하나님은 이스라엘 백성을 인도하셨던 것처럼, 우리를 구하셔서 자신에게로 인도하셨다. 얼마나 놀라운 계시의 말씀인가!

그 후에 하나님은 모세에게 다음과 같이 말씀하셨다.

> 여호와께서 모세에게 이르시되 너는 백성에게로 가서 오늘과 내일 그들을 성결하게 하며 그들에게 옷을 빨게 하고 준비하게 하여 셋째 날을 기다리게 하라 이는 셋째 날에 나 여호와가 온 백성의 목전에서 시내 산에 강림할 것임이니. _출애굽기 19:10-11

'성결하게 하다 to consecrate'는 "따로 떼어 두다"라는 뜻이다. 그러므로 성결하게 하라는 하나님의 말씀은 이런 뜻이다. "나는 너희를 애굽에서 인도하여 냈다. 이제 너희는 반드시 너희에게서 애굽을 제거해야만 한다." 이를테면 그들의 옷을 빠는 것은 애굽의 흔적을 제거하고 하나님의 영광을 준비하는 성결된 행위인 것이었다. 마찬가지로, 우리에게도 육체와 영혼의 모든 더러움을 깨끗하게 하라고 말씀하신다.

> 내가 그들 가운데 거하며 두루 행하여 나는 그들의 하나님이 되고 그들은 나의 백성이 되리라 그런즉 사랑하는 자들아 이 약속을 가진 우리는 하나님을 두려워하는 가운데서 거룩함을 온전히 이루어 육과 영의 온갖 더러운 것에서 자신을 깨끗하게 하자. _고린도후서 6:16; 7:1

이것은 우리의 육체와 영혼의 옷을 깨끗하게 함으로써 세속적인 욕망의 악취를 제거하는 것이다. 이것은 우리가 주님을 뵙기 위해 우리의 욕망을 정결하게 하는 것이다. 거룩함이 없이는 아무도 주를 볼 수 없기 때문이다히 12:14. 하나님은 마지막 때를 위한 예언 사역을 준비하고 계신다. 교회의 원수가 이러한 회복을 왜곡하고 방해하려고 그렇게 열심히 발악하는 것이다. 우리의 마음을 돌이켜 하나님과 그분의 참된 거룩으로 향하게 하지 않으면, 교회는 하나님이 약속하신 그분의 영광 속에서 일할 수 없다.

셋째 날에 하나님은 이스라엘 백성에게 자신의 영광을 드러내시겠다고 약속하셨다. 이 약속은 그들에게만 주어진 것이 아니라 오늘 우리에게도 주어진 것이다. 왜냐하면 우리는 베드로후서 3장 8절을 통해서 하나님의 하루는 우리의 천 년과 같다는 것을 들었기 때문이다. 지난 2천 년 동안 교회의 책임은 다가올 하나님의 영광을 위해 자신을 성결하게 하는 것이었다. 셋째 날(셋째 천 년의 기간)이 시작되면, 주님께서 영광 가운데 다시 오실 것이다. 이는 그리스도께서 영화롭게 되신 몸으로 다시 오셔서 천 년 동안 다스리시는 때이다계 20:4.

모세가 하나님의 강림 전에 하나님의 백성들을 성결하게 한 선지자였던 것처럼 마지막 날의 엘리야 선지자들이 예수님의 재림 전에 다시 이 메시지를 선포할 것이다. 우리는 이제 둘째 날의 막바지에 이르렀다! 그러나 교회는 여전히 세상의 영에 의해 더럽혀져 있다. 교회에는 이 세상의 체계가 주는 편안함, 쾌락, 이익을 갈망하는 사람들로 가득하다. 이 세상은 한때 우리를 노예로 만들었던 바로 그 애굽이다! 두 마음을 품은 많은 이들이 한편으론 구원과 예수님의 축복을 바라면서, 다른 한 편으론 세상을 열망하고 있다. 그들은 몸으로는 광야에 있지만, 마음은 여전히 애굽에 머물러 있다.

이런 상황은 사도 바울도 이미 예견한 바 있다. 그는 말세의 고통하는 때에 대해 말했다 딤후 3:1. 사람들은 기독교 신앙을 고백하면서도 여전히 자신과 돈을 사랑할 것이다. 그들은 자랑하며 교만하며 비방하며 부모를 거역하며 감사하지 아니하며 거룩하지 아니하며 무정하며 원통함을 풀지 아니하며 모함하며 절제하지 못하며 사나우며 선한 것을 좋아하지 아니하며 배신하며 조급하며 자만하며 쾌락을 사랑하기를 하나님 사랑하는 것보다 더할 것이다. "[그들은] 경건의 모양은 있으나 경건의 능력은 부인[할 것이다]" 딤후 3:1-5.

이런 상태를 치유하기 위해 하나님은 교회인 우리가 하나님께로 돌아갈 수 있도록 우리의 진정한 상태를 드러내 줄 선지자들을 보내시는 것이다. 이것이 성취되려면 선지자들이 순결하고 깨끗하게 나오는 것이 필수적이다. 예언의 말씀이 오염되면, 우리는 영영 준비될 수 없기 때문이다.

우리는 지금 멸망의 문턱에 서 있다. 사탄은 심판이 하나님의 집에서 시작한다는 사실을 알고 있으며, 우리가 심판받기를 원한다. 그래서 죄와 탐욕의 불을 지피는 것이다. 예수님은 이것을 예견하셨고, 다음과 같이 경고하셨다. "거짓 선지자가 많이 일어나 많은 사람을 미혹하겠으며" 마 24:11.

양의 옷을 입은 이리들

교회를 휩쓸게 될 거짓 예언 사역에 대해 예수님은 이렇게 경고하셨다.

> 거짓 선지자들을 삼가라 양의 옷을 입고 너희에게 나아오나 속에는 노략질하는 이리라 그들의 열매로 그들을 알지니 가시나무에서 포도를, 또는 엉겅퀴에서 무화과를 따겠느냐. _마태복음 7:15-16

예수님은 거짓 선지자들을 '삼가라'고 말씀하셨다. 왜 예수님은 그토록 자주 열정적으로 우리에게 경고하시는 걸까? 그 이유는 분명하다. 거짓 예언은 너무나 미묘하고 기만적이기 때문이다. 거짓 선지자는 이리가 아니라 양의 옷을 입고 다가온다. 외형상 너무나 비슷하기 때문에, 참과 거짓을 구별하기가 무척 어렵다. 예수님은 거짓 선지자가 조금이 아니라 많이 있을 것이라고 말씀하셨다마 24:11. 그리고 택하신 자들도 그들의 초자연적인 은사 때문에 미혹받을 수 있다고 말씀하셨다.

우리는 어떻게 참과 거짓을 올바르게 구분할 수 있을까? 예수님은 선지자의 예언이 정확하거나 그대로 이루어지는 것을 통해서만 참된 선지자를 판별할 수 있다고는 말씀하시지 않았다. 하지만 예언의 '부정확성inaccuracy'은 하나님의 말씀이 아니라는 분명한 증거다. 성경은 이렇게 말한다.

네가 마음속으로 이르기를 그 말이 여호와께서 이르신 말씀인지 우리가 어떻게 알리요 하리라 만일 선지자가 있어 여호와의 이름으로 말한 일에 증험도 없고 성취함도 없으면 이는 여호와께서 말씀하신 것이 아니요 그 선지자가 제 마음대로 한 말이니 너는 그를 두려워하지 말지니라. _신명기 18:21-22

하나님은 선지자의 말이 성취되지 않으면, 그를 두려워할 것도 없고 그를 선지자로 여기지도 말라고 분명히 말씀하셨다. 그러나 이 기준만으로는 참과 거짓을 분별하기가 충분치 않다. 왜냐하면 거짓 선지자의 예언도 정확할 수 있기 때문이다!

주님은 어떤 선지자는 예언을 말할 수도 있고, 그것이 이루어질 수도 있지만, 만약 그가 여러분을 우상 숭배와 탐욕 또는 패역으로 이끈다면, 그를 거부하라고 설명하신다 신 13:1-5; 골 3:5. 하나님은 이런 사람이 맺는 열매 때문에 그를 거짓 선지자라고 부르신다. 예수님은 거짓 선지자들의 열매가 그들의 참 모습을 드러낼 것이라고 하셨다. 우리는 열매가 예언의 정확성보다 더 중요하다는 사실을 이해해야 한다.

정확성 하나로 한 개인을 선지자로 인정하는 것은 잘못된 판단일 수 있다. 그러나 많은 사람들, 심지어 지도자들까지도 이런 실수를 저지른다. 우리는 반드시 예언 뒤에 따르는 열매를 분별해야 한다. 몇몇 사례를 살펴보자.

탐욕스러운 마음을 가진 부패한 선지자였던 발람은 이스라엘에 대해 정확한 예언을 했고, 메시아의 탄생을 예언하기까지 했다. 그의 말들은 성경에 기록되었다. 비록 그의 예언의 말들은 정확했지만, 그의 열매는 나빴다. 예수님은 발람이 "발락을 가르쳐 이스라엘 자손 앞에 걸림돌을 놓아 우상의 제물을 먹게 하였고 또 행음하게" 계 2:14 했다고 말씀하셨다.

발람은 만약 이스라엘을 저주한다면 엄청난 재물을 주겠다는 제안을 받았지만, 하나님이 축복하시는 백성을 저주할 수는 없었다. 이것을 깨달은 후에 그는 발락에게 어떻게 하면 이스라엘 자손을 유혹하여 죄를 짓게 함으로써 그들이 저주를 받게 할 수 있을지를 가르쳤다민 31:16; 민 25:1-9.

그는 보상을 바라고 이런 짓을 했다. 그 열매는 백성을 심판으로 인도한 것이었다. 그들의 불순종에 대한 심판으로, 2만 4천 명의 이스라엘 백성이 재앙으로 죽었다. 발람의 예언은 정확했지만, 그의 열매는 하나님과 상관이 없다는 것이 증명됐다. 그는 귀한 것과 헛된 것을 혼합했다렘 15:19. 여호수아 13장 22절에서 그는 '점술가soothsayer'로 불린다. 이스라엘 백성은 발람을 전투에서 칼날로 죽이라는 명령을 받는다.

이를 통해 우리는 정확성이 참과 거짓을 구별해 내는 기준이 아님을 배우게 된다. 발람은 그의 삶에 진정한 은사를 받았지만, 이익을 위한 욕망으로 그 은사를 부패시켰다. 그는 거짓 선지자였다.

신약 성경의 바울과 그의 동료는 "점치는 귀신 들린 여종 하나를 만[났다]"행 16:16. 그녀는 점으로 그 주인들에게 큰돈을 벌어 주었다. 그녀의 점술은 꽤 정확했을 것이다. 그녀는 바울과 그 일행에 대해서도 정확하게 예언했으며, 다음과 같이 부르짖었다. "이 사람들은 지극히 높은 하나님의 종으로서 구원의 길을 너희에게 전하는 자라." 그녀가 말한 것은 정확했지만, 성령의 기름 부으심에 의한 것이 아니라 점괘의 귀신에 의한 것이었다. 그녀의 예언은 정확했지만, 그녀의 열매는 나빴다. 심히 괴로웠던 바울은 그 귀신을 쫓아냈고, 그녀는 더 이상 미래를 예측하지 못하게 되었다.

발람과 이 여종은 모두 점술가, 점치는 자, 또는 거짓 선지자였다. 하나는 참된 하나님의 은사에 의해, 다른 하나는 점괘의 귀신에 의해, 모두 정확한 예언을 했다.

선지자의 삶과 사역의 열매가 무엇인가? 그것이 결정적인 요소다. 예수님은 마태복음 7장 16절에서 마음속 동기에 초점을 맞추신다. 왜냐하면 동기는 반드시 열매를 통해 그 실체를 드러내기 때문이다. 주님의 말씀을 다시 한 번 자세히 검토해 보자.

> 거짓 선지자들을 삼가라 양의 옷을 입고 너희에게 나아오나 속에는 노략질하는 이리라 그들의 열매로 그들을 알지니 가시나무에서 포도를, 또는 엉겅퀴에서 무화과를 따겠느냐 이와 같이 좋은 나무마다 아름다운 열매를 맺고 못된 나무가 나쁜 열매를 맺나니 좋은 나무가 나쁜 열매를 맺을 수 없고 못된 나무가 아름다운 열매를 맺을 수 없느니라 아름다운 열매를 맺지 아니하는 나무마다 찍혀 불에 던져지느니라 이러므로 그들의 열매로 그들을 알리라. _마태복음 7:15-20

우리는 예언의 정확성 때문에 분별력이 흐려져서는 안 된다. 만일 사람들이 예언의 열매를 검토했다면, 하나님이 거짓이라고 부르실 선지자들을 쉽게 용납하지는 않았을 것이다.

열매는 영적으로 분별된다

예수님 시대에 "겉으로는 사람에게 옳게 보이[는]" 사역자들이 있었다 마 23:28. 하나님의 살아 계신 말씀의 빛이 그들의 진정한 동기를 드러내기 전까지는 그들의 겉은 그럴싸했다. 그러나 그들은 안으로는 시기와 이기심이 가득했다. 예수님은 그들의 마음을 악한 열매 맺는 나쁜 땅에 비유하셨다 마 13:1-23; 15:17-20.

주님은 우리에게 선지자들이 맺는 열매로 그들을 판단하라고 분명히 말씀하신다. 바울과 요한도 선지자를 '분별'하고 '판단'하라고 말했다 살전 5:21; 요일 4:1; 고전 14:29. 이러한 열매는 자연적인 오감이나 지성으로 구분하는 것이 아니다. 그것은 반드시 영적으로 분별해야 한다. 바울은 이렇게 말한다. "신령한 자는 모든 것을 판단하나 … 영적인 일은 영적인 것으로 분별하느니라" 고전 2:15,13.

우리가 회개하고 우리 마음속에 있는 모든 더러운 동기를 깨끗하게 하며, 하나님의 진리를 받아들이면 비로소 우리는 성령님의 인도에 민감하게 반응할 수 있게 된다. 이 책의 목적은 단순한 조건이나 지적인 정보를 제공하는 것이 아니다. 이 책을 통하여 하나님의 성령께서 우리를 일깨우셔서 우리가 의로 훈련받게 되기를 기도한다 요일 2:27.

야고보는 다음과 같이 말한다.

> 그러나 너희 마음속에 독한 시기와 다툼이 있으면 자랑하지 말라 진리를 거슬러 거짓말하지 말라 이러한 지혜는 위로부터 내려온 것이 아니요 땅 위의 것이요 정욕의 것이요 귀신의 것이니 시기와 다툼이 있는 곳에는 혼란과 모든 악한 일이 있음이라. _야고보서 3:14-16

야고보는 그들의 마음속에 시기와 다툼이 가득함을 보여 준다. 그는 계속해서 말한다.

> 화평하게 하는 자들은 화평으로 심어 의의 열매를 거두느니라. _야고보서 3:18

시기와 다툼의 씨로 인해 혼란과 모든 악한 일이 그 열매가 되어 맺힌다. 화평의 씨는 의의 열매를 거둔다. 다툼과 시기는 탐욕스러운 마음에서 생기며, 화평은 만족 속에서 발견된다. 야고보는 모든 악한 일이 다툼과 탐욕이 가득한 마음에 있음을 보여 준다. 이를 통해 바울의 말을 더 잘 이해할 수 있다. "그러나 자족하는 마음이 있으면 경건은 큰 이익이 되느니라 부하려 하는 자들은 시험과 올무와 여러 가지 어리석고 해로운 욕심에 떨어지나니 곧 사람으로 파멸과 멸망에 빠지게 하는 것이라"딤전 6:6,9. '떨어진다'는 표현을 주목하라. 여러분은 자신도 모르게 떨어지는 것이다. 이것은 다시 한 번 탐욕의 뒤에 숨어 있는 미묘한 미혹을 확증해 준다.

거짓 선지자의 동기

기도하는 가운데 하나님은 내 마음속에 (교회 안에 있는) 거짓 선지자에 대한 정의를 내려 주셨다.

"거짓 선지자는 자신의 숨겨진 의도^{agenda}를 가지고 내 이름으로 오는 자이다."

이것은 우리가 성경에서 확인한 것과도 일치한다. 거짓 선지자의 의도는 사역이라는 이름으로 포장했을 수 있지만, 그 밑바닥에는 이익, 승진, 그리고 보상이라는 동기가 깔려 있다. 이렇게 감춰지고 숨겨진 동기는 다른 사람들을 속일 뿐 아니라, 그 선지자 자신도 속인다.

바울은 이렇게 경고한다. "속이는 자들은 더욱 악하여져서 속이기도 하고 속기도 하나니"딤후 3:13. 바울은 속이는 것이 점점 더 증가할 것이라고 말한다. 지난 세월 동안 속임수는 더욱 늘었고, 귀한 것과 헛된 것의 경계는 희미해졌다. 하나님의 수확의 때가 가까워지고 있다. 좋은 것의 수확뿐 아니라, 악한 것의 수확도 가까웠다. 하나님은 내게 이렇게 말씀하셨다.

"거짓 선지자는 내가 그에게 맡긴 은사를 이용해서 자기의 목적을 이루려고 할 것이다."

거짓 선지자는 은사를 이용해서 다른 사람들을 자기에게로 이끌며, 자기의 목적을 이루려고 한다. 재정적인 이익, 권력, 인정, 영향력 등이 여기에 해당된다. 그는 자신의 욕망을 지지하거나 채우기 위해 성경을 왜곡함으로써 자기 자신마저 속일 것이다.

하나님의 말씀을 훔친 사람들

거짓 선지자에게서 쉽게 발견되는 열매에 대해 살펴보기로 하자. 먼저 "좋은 나무가 나쁜 열매를 맺을 수 없고 못된 나무가 아름다운 열매를 맺을 수 없느니라"라고 하신 예수님의 말씀을 기억하라. 열쇠가 되는 단어는 '맺다' 또는 '생산하다' 라는 말이다. 예수님은 가시나무에서 포도를, 엉겅퀴에서 무화과를 딸 수 없다고 하셨다. 왜 그런가? 그 나무들은 본성상 그런 과일을 생산할 수 없다. 그러나 여러분은 포도송이를 가시나무에, 무화과를 엉겅퀴에 걸어 놓을 수는 있다. 마찬가지로 참된 예언이나 행위가 거짓 선지자에게서 발견되는 일이 종종 있지만, 그것은 그들에게서 나온 것은 아니다. 이것이 하나님께서 예레미야를 통해 그들을 꾸짖으시는 이유이다.

> 여호와의 말씀이라 그러므로 보라 서로 내 말을 도둑질하는 선지자들을 내가 치리라. _예레미야 23:30

그 말은 그들의 입에서 나온 것도 아니었고, 그들의 마음에서 우러나온 것도 아니었다. 그들은 서로 다른 사람에게서 말을 훔쳤는데, 한 사람은 다른 사람에게서, 그 사람은 또 다른 사람에게서 말을 훔쳤고, 결국에는 근원되시는 하나님과 진정으로 동행하는 사람의 입에서 훔친 것이었다. 그들의 말은 거룩한 경외감 속에서 주님과의 친밀한 교제를 통해 알게 된 말이 아니었다 시 25:14.

또 다른 가능성은 다음과 같은 경우이다. 그들도 한때는 하나님과 동행했고 그분으로부터 계시를 받았다. 그러나 그 후 그들의 마음이 발람의 경우처럼 차가워진 것이다. 베드로가 이것을 확증했다. "그들이 바른 길을 떠나 미혹되어 브올의 아들 발람의 길을 따르는도다"벧후 2:15. 그들은 한때 바른 길을 알았고, 그 길을 걸었지만 끝까지 하지는 못했다. 성경은 그렇게 떨어져 나간 자들을 "열매 없는 가을 나무"유 1:11-12라고 묘사한다.

그 가을 나무는 한때 열매를 맺었던 나무다. 하지만 진리를 아는 것과 그대로 사는 것은 사뭇 다른 것이다. 이제 열매 맺는 계절은 지나갔고, 겨울이 코앞에 닥쳤다. 그 잎은 다 떨어지고, 곧 겨울잠에 빠져든다.

어떤 경우가 됐든, 모든 거짓 선지자들에게는 공통분모가 있다. "그들은 가장 작은 자로부터 큰 자까지 다 욕심내며" 렘 8:10. 그들은 자기 이익만을 도모한다. 다음 구절에서 베드로는 거짓 선생들의 열매에 대해 말한다. 그것은 곧 거짓 선지자에게도 적용될 수 있다.

> 그러나 백성 가운데 또한 거짓 선지자들이 일어났었나니 이와 같이 너희 중에도 거짓 선생들이 있으리라 그들은 멸망하게 할 이단을 가만히 끌어들여 자기들을 사신 주를 부인하고 임박한 멸망을 스스로 취하는 자들이라. _베드로후서 2:1

거짓 선생들은 이단을 끌어들여서 성도가 진리에 복종하지 못하게 하며, 심지어 주님을 부인하게 만든다. 여러분은 이렇게 생각할지 모른다. '오늘날 우리 교회 안에 들어와서 주 예수 그리스도를 부인하게 만들 수 있는 사람은 아무도 없을 텐데.'

그렇다. 그렇게 노골적인 것은 베드로 시대에나 오늘날에도 결코 성공하지 못한다. 그래서 베드로는 이 선생들이 '가만히' 눈에 띄지 않게 들어올 것이라고 말한다. 아무도 우리 교회 안에서 예수님을 공개적으로 부인하면서도 눈에 띄지 않을 수는 없을 것이다. 다음 구절은 어떻게 거짓 사역자들이 이것을 몰래 해내는지를 이렇게 설명한다.

> 깨끗한 자들에게는 모든 것이 깨끗하나 더럽고 믿지 아니하는 자들에게는 아무것도 깨끗한 것이 없고 오직 그들의 마음과 양심이 더러운지라 그들이 하나님을 시인하나 행위로는 부인하니. _디도서 1:15-16

디도서 말씀을 통해 볼 때, 그들은 입으로 말하는 고백이 아니라 '행위'로 주님을 부인한다는 것을 알 수 있다. 예수님은 심지어 그들이 예수님을 주로 부른다 할지라도, 그들의 말이 아니라 "그들의 열매로 그들을 안다"고 하셨다. 그들은 입으로는 예수님을 주로 고백하고, 예언하며, 주님의 이름으로 이적을 행하더라도, 행동으로는 주님의 주 되심과 권위에 복종하지 않는다 마 7:15-23.

베드로는 계속해서 말한다.

> 여럿이 그들의 호색하는 것을 따르리니 이로 말미암아 진리의 도가 비방을 받을 것이요 그들이 탐심으로써 지어낸 말을 가지고 너희로 이득을 삼으니. _베드로후서 2:2-3

우리는 다시 '탐욕'이라는 거짓 선지자들의 마음속 동기를 파헤치게 된다. '이득을 삼다'라는 말은 "남용하다, 이익을 취하다 또는 이용하다"의 뜻이다. 그러므로 거짓 사역자들은 기만적이며 간사한 말로 다른 사람들을 이용한다. 그들의 말이 하나님의 음성처럼 들릴 수 있지만, 그 말 속에 숨겨진 동기는 하나님의 동기와는 거리가 멀다. 미혹과 탐욕을 통해서 어리고, 단순하며, 상처 입은 사람들을 이용하려는 것이다.

탐욕에 연단된 마음

베드로는 계속해서 그들이 "탐욕에 연단된 마음"을 가지고 있다고 말한다 벧후 2:14. 여러분이 어떤 것을 꾸준히 훈련하게 되면, 어느 순간에는 생각하지 않고도 그것을 해내게 된다. 제2의 천성이 되는 것이다. 우리가 신발끈 묶는 법을 처음 배울 때는, 정신을 집중하면서도 서툴렀다. 그러나 이제 우리는 별생각 없이도 그것을 할 수 있다. 이것이 훈련받았다는 뜻이다. 탐욕으로 훈련받은 사람도 이와 마찬가지다.

나는 우편 광고를 통해 사람들을 착취한 한 목사와 일했던 사람을 알고 있다. 이 상담 전문가들(이 경우는, 탐욕 전문가들)은 귀한 것과 헛된 것을 혼합시켰다. 그들은 이야기들을 과장하고 지어냈다. 그들은 우편물을 통해 그 목사에게 기름 부음이 있다고 광고했고, 헌금을 하면 기도가 응답 되게 해 주거나, 여러 종교 기념품을 보내 주겠다고 약속했다. 처음에는 함께 일하던 사람들이나 그 아내마저도 이런 행동에 의문을 품었다. 그리고 그의 양심도 어느 정도 가책을 받았을 것이다.

하지만 그런 일이 지속될수록 마침내 양심이 점점 무디어졌다. 그리고 유례없이 많은 돈이 쏟아져 들어왔다. 봉급과 보너스가 계속 늘어 갔고 마침내 그들은 탐욕에 연단되었다. 하나님이 그들의 일을 축복하고 인도하시는 것처럼 보였다. 이제 그들은 하나님의 말씀을 남용했고, 아무런 생각 없이 그분의 백성들을 착취하게 된 것이다.

이런 일들이 오늘날 부지기수로 일어난다. 많은 마케팅 회사들이 사역을 통해 돈을 모으는 방법을 기꺼이 가르쳐 준다. 그들은 왜곡된 성경 말씀으로 탐욕을 위장한다.

여러분의 문 앞에 배달되는 우편 광고물은 욕구^{want}를 필요^{need}인 양 떠들어 댄다. 또한 이런 우편물은 수신자에게 교묘히 죄의식을 불어넣는다. 만약 그들의 요구에 응하지 않으면 하나님의 뜻이 이루어지지 않을 것처럼 느끼게 만든다.

나는 상처 입고 굶주린 자들을 돕기 위한 정당한 구호 기금 모금을 탓하는 것이 아니라, 탐욕에 단련된 자들의 은밀한 돈벌이에 대해서 말하는 것이다. 바울은 이런 일이 일어날 것을 예견하고 이렇게 경고했다. "경건의 모양은 있으나 경건의 능력은 부인하니 이 같은 자들에게서 네가 돌아서라 그들 중에 남의 집에 가만히 들어가 어리석은 여자를 유인하는 자들이 있으니"딤후 3:5-6.

또한 방송 매체를 오용하는 사례도 많다. 경건한 목적을 위해 방영되는 연속 방송^{telethon}은 진정한 도움과 필요성을 알려 주고 환기시키며, 사역에 동참할 기회를 열어 준다. 반면에, 연속 방송을 오용하는 경우도 있는데, 이때는 엄청난 모금 기록을 세운 전문가(목사)들을 초빙한다. 나는 그들이 기부자에게 축복을 약속하는 것을 보았는데, 기부하지 않은 사람은 마치 축복에서 소외되는 듯한 인상을 받을 수밖에 없다. 가끔 큰 금액을 기부하는 사람이 있으면, 엄청난 흥분 속에 특별한 축복이 주어지기도 한다.

미가는 다음과 같이 경고한다.

> 내 백성을 유혹하는 선지자들은 이에 물 것이 있으면 평강을 외치나 ……. _미가 3:5

최근 미국에서 있었던 한 연속 방송에서는 한 예언 사역자가 일정 금액(천 달러 이상)을 약정하는 사람에게 개인 예언을 주기도 했다. 정말 슬픈 사실은 많은 사람이 개인 예언을 주겠다는 약속 후에 기부금을 약정했다는 것이다. 그만큼 많은 돈을 기부할 수 없는 사람은 하나님의 말씀을 들을 수 없는 것인가?

생각해 보라. 과연 예수님께 돈을 주고 말씀이나 치유, 구원을 산 사람이 있었던가? 두 렙돈을 헌금한 과부는 어떤가? 예수님은 헌금함 맞은편에 앉아서 사람들이 헌금함에 돈 넣는 것을 지켜보셨다. 많은 부자들이 큰돈을 넣었다. 그런데 왜 두 렙돈을 헌금한 가난한 과부가 칭찬을 받은 걸까? 예수님은 제자들을 불러서 그 이유를 설명해 주셨다.

"내가 진실로 너희에게 이르노니 이 가난한 과부는 헌금함에 넣는 모든 사람보다 많이 넣었도다 그들은 다 그 풍족한 중에서 넣었거니와 이 과부는 그 가난한 중에서 자기의 모든 소유 곧 생활비 전부를 넣었느니라"막 12:41-44. 예수님은 사람의 눈으로 볼 때 가장 작은 자에게 관심을 가지셨고, 그 사람이 하나님께서 보시기에는 가장 큰 자라는 것을 아셨다. 미가의 말을 들어 보자.

> 그들의 우두머리들은 뇌물을 위하여 재판하며 그들의 제사장은 삯을 위하여 교훈하며 그들의 선지자는 돈을 위하여 점을 치면서도 여호와를 의뢰하여 이르기를 여호와께서 우리 중에 계시지 아니하냐 재앙이 우리에게 임하지 아니하리라 하는도다. _미가 3:11

거짓 선지자들이 하는 말에 속지 말라. 우리는 재정적인 성공이 하나님이 함께하시는 증표인 양 잘못 생각해 왔다. 그것은 틀린 것이다. 구약 성경을 보면 거짓 선지자들은 사치스럽게 살았고, 참 선지자들은 광야를 헤맸다. 거짓 선지자들은 생전에 칭송을 받았고, 참된 선지자들은 사후에야 칭송을 받는 경우가 많았다.

돈을 위해 예언하기

미가는 선지자가 돈을 위하여 점을 친다고 말한다. 오늘날도 이런 일이 횡행한다. 어떤 선지자는 앞으로 다가올 12개월을 위한 개인 예언을 받으려면 수백 달러를 내라고 한다. 다른 이들은 헌금의 대가로 사역의 기회를 준다. 어떤 예언 컨퍼런스의 광고는, 등록하는 사람은 예언의 은사를 받아 사용할 수 있게 될 것이라고 약속한다. 신령하고 매력적으로 들린다. 그러나 그 전에 등록비가 눈에 띄게 기재되어 있다.

그렇다면 성령님의 인도하심은 어떻게 되는 것인가? 만약 하나님께서 이런 귀한 은사를 그렇게 값싸게 파실 의향이 없다면 어떻게 되는 것인가?

나는 '은사는 주님께서 자기 뜻대로 주시는 것'이라고 알고 있다. 하지만 어떤 이들에게는 은사가 선물이 아니다. 돈을 주고 산 것일 뿐이다. 우리는 하나님의 말씀을 이윤을 받고 '팔러' 다니고, 그분의 은사마저 사고파는 사람들이 되어 버린 것인가? 나는 이런 컨퍼런스가 그리 알려지지 않은 집회였다고 말하고 싶지만, 여기 나오는 목회자들은 전국적으로 유명한 사람들이었다. 탐욕에 단련된 자들과 함께 일하려고 그런 목회자들은 분별력을 팔아 버린 것인가?

등록비를 받는 것이 잘못되었다는 이야기가 아니다. 컨퍼런스를 여는 사람은 비용이 들기 마련이고, 이 비용은 참석자들을 통해 충당할 수도 있다. 내가 이의를 제기하는 것은 돈을 받고 성령의 은사를 받을 수 있다고 약속하거나 그런 암시를 주는 행태다. 개인 예언을 미끼로 사람들을 모으는 것은 명백히 잘못된 일이다. 단순히 컨퍼런스 비용을 충당하려는 동기라 할지라도, 사람들을 비성경적인 관행으로 이끌 수 있다. 등록비 자체가 문제가 아니다. 등록비를 내는 사람들에게 개인 예언을 약속함으로써 사람들을 교묘하게 이용하는 것이 문제인 것이다.

필요한 재정에 대해 하나님을 신뢰하는 것은 어떻게 되었단 말인가? 하나님의 팔이 짧아서 우리에게 시키신 일에 필요한 것을 마련해 주실 수 없단 말인가? 하나님의 약속은 참되며, 우리가 바치고 심으면 반드시 수확할 것이다. 그러나 그것이 우리가 바치고 심는 동기가 되어서는 안 된다.

우리는 하나님이 우리에게 주신 것 이상으로 그분께 바칠 수 없다막 10:29-30. 만약 예수님이 오늘날의 행태를 따르셨다면, 젊은 부자 관원에게 가진 것을 다 팔아서 가난한 사람이 아니라 자신의 사역을 위해 바치라고 하셨을 것이다. "이보게, 그냥 가지 말라고. 나에게 바치면, 백배나 더 되돌려 받는다는 것을 모르나?" 물론, 이것은 말도 안 된다. 예수님은 순종의 유익을 미끼로 사람들을 부르신 적이 없다.

나는 천국에 우리를 위해 준비된 계좌가 있다고 믿는다. 그 계좌의 잔고는 우리가 나눠 줄수록 늘어난다! 바울의 마음을 헤아려 보라. "내가 선물을 구함이 아니요 오직 너희에게 유익하도록 풍성한 열매를 구함이라"빌 4:17. 이것이 참된 선지자의 마음이다. 반대로 거짓 선지자는 사람들의 필요보다 자신의 요구를 앞세울 것이다.

거짓 선지자는 직책과 사람들의 인정을 구한다. 반면 참된 선지자는 결코 그렇게 하지 않는다. 제사장들과 레위인들이 세례 요한의 진정한 정체와 직분을 물었을 때, 요한은 어떻게 대답했는가? 그가 그리스도인지 물었을 때 그는 아니라고 했다. "또 묻되 그러면 누구냐 네가 엘리야냐 이르되 나는 아니라 또 묻되 네가 그 선지자냐 대답하되 아니라"요 1:21. 왜 그는 천사 가브리엘과 예수님이 말씀하셨던 것처럼눅 1:17; 마 17:12-13 자신이 엘리야 선지자임을 밝히지 않았을까? 나는 그가 그런 명성을 원치 않았고, 그들의 정치적 계략에 말려들고 싶지 않았기 때문이라고 생각한다.

제사장들과 레위인들은 직함, 직분, 인기를 추구했다. 그들은 사람의 칭찬과 인정을 갈구했다. 그들은 겸손하게 세례를 받으러 온 것이 아니라, 요한이 어떤 사람인지를 알아보고 싶었을 뿐이다. 그들은 종교적인 자기 의義와 자만에 휩싸여 있었기 때문에 요한이 전하는 회개의 메시지를 듣지 못했다. 그들은 호기심과 시기심으로 나아왔을 뿐이다. 그들의 지위를 위협하는 이 변절자는 누구인가? 누가 그에게 그런 권위를 주었는가? 요한은 이것을 간파했고, 그들을 독사라고 불렀다. 그는 그들의 종교적 가면 뒤에 숨긴 동기를 꿰뚫어 보았다.

요한은 마침내 자신의 정체성에 대해 이렇게 묘사했다. "나는 선지자 이사야의 말과 같이 주의 길을 곧게 하라고 광야에서 외치는 자의 소리로라"요 1:23. 그는 초점을 자신으로부터 주님께로 옮겼다. 그는 이 탐욕에 사로잡힌 종교 지도자들이 직함과 사람에 대한 두려움의 속박으로부터 해방되기를 바랐다. 그들이 하나님께로 돌아오기를 원했던 것이다. 세례 요한은 자신이 말하는 단어들을 조심스럽게 선택했으며, 주님의 말씀에 자신의 의견과 의도가 섞이지 않도록 주의했다.

옛날에는 선지자가 사람을 기쁘게 하기 위해 메시지를 임의로 변개하지 않았다. 그 결과, 선지자들이 성읍에 이르면 장로들이 두려워했다.

> 사무엘이 여호와의 말씀대로 행하여 베들레헴에 이르매 성읍 장로들이 떨며 그를 영접하여 이르되 평강을 위하여 오시나이까. _사무엘상 16:4

우선, 사무엘은 주님께 대한 순종으로 왔다. 그는 사울이 소식을 듣고 자신을 죽일 수도 있다는 것을 알면서도 순종했다. 이 순종이 거룩한 두려움의 분위기를 이끌어냈다. 그가 가까이 오자 경건한 사람들은 떨었다. 그러나 오늘날의 예언 세미나에는 점괘를 들으러 오는 것처럼 흥분한 사람들로 가득하다.

하나님이 여러분에게 선지자 사역을 맡기셨다면, 여러분의 사진 밑에 직함이나 영적인 직분을 써넣을 필요가 없다. 하나님께서 구약 성경의 가장 위대한 선지자 중에 한 명이었던 사무엘에게 하셨던 것처럼, 그분 말씀의 열매를 통해 그것을 널리 알리실 것이다.

> 사무엘이 자라매 여호와께서 그와 함께 계셔서 그의 말이 하나도 땅에 떨어지지 않게 하시니 단에서부터 브엘세바까지의 온 이스라엘이 사무엘은 여호와의 선지자로 세우심을 입은 줄을 알았더라. _사무엘상 3:19-20

열매를 통해 그 나무를 알 수 있듯이, 당신의 열매를 통해 부르심이 입증되는 것이다. 열매는 그 사람의 마음에서 나오는 것이며, 영적으로 분별된다. 주교, 박사, 사도, 선지자, 목사 등의 직함을 가진 사역자들이 다 탐욕스럽거나 사람의 칭송을 바라는 것은 물론 아니다. 많은 경우, 직함은 그들이 속한 교단이나 소속의 직책일 뿐 큰 의미가 없다. 직함 또는 호칭이 있다고 해서 마음이 사악한 것이 아니며, 그런 것이 없다고 해서 마음이 순결한 것도 아니다. 오직 열매만이 그들의 사역이 하나님과 그분의 백성을 향한 사랑에서 비롯된 것인지 아닌지를 판가름한다.

거짓 선지자의 목표물

예수님은 거짓 선지자를 양의 옷을 입은 이리에 비유하셨다. 이리에 대해서 잠시 생각해 보자. 나는 야생 동물의 생태에 대해 관심이 많아서 짐승에 대한 다큐멘터리를 즐겨 본다. 이리의 사냥법의 핵심은 먹잇감을 무리로부터 격리시키는 것이다. 따로 떼어 놓음으로써 무리의 보호를 끊어 버리는 것이다. 홀로 떨어져 있을 때 공격을 시작해서 먼저 쓰러뜨리고, 그다음에 먹어치운다. 솔로몬은 이렇게 경고한다.

> 무리에게서 스스로 갈라지는 자는 자기 소욕을 따르는 자라 온갖 참 지혜를 배척하느니라. _잠언 18:1

하나님을 믿는다고는 하나 주위의 교제가 없는 사람은 목자의 지도와 보호로부터 격리된다. 주님의 몸 된 교회의 보호 없이는, 그들은 쉬운 먹잇감일 뿐이다. 바울이 장로들에게 얼마나 엄하게 경고하는지를 기억하라.

> 내가 떠난 후에 사나운 이리가 여러분에게 들어와서 그 양떼를 아끼지 아니하며 또한 여러분 중에서도 제자들을 끌어 자기를 따르게 하려고 어그러진 말을 하는 사람들이 일어날 줄을 내가 아노라. _사도행전 20:29-30

약하고 어리며 부상당한 짐승은 쉽게 고립되거나 격리된다. 거짓 예언에 가장 취약하다. 이처럼 어린 자는 하나님의 말씀에 익숙하지 않아서 쉽게 격리된다. 그러므로 그들은 분별력을 더 키워야 한다. 교회는 그들을 보호해야 한다. 예수님은 베드로에게 그분의 어린양을 먹이고 돌보라고 거듭 명하셨다요 21:15-16. 이것이 참 목자에게 부여된 책임이다. 순결한 하나님의 말씀은 어린 신자들을 지켜 주고, 거짓 예언의 유혹으로부터 그들을 보호해 준다. 초대 교회의 새신자들은 "사도의 가르침을 받아 서로 교제하고 떡을 떼며 오로지 기도하기를 힘[썼다]"행 2:42.

약한 양은 의의 말씀이 주는 힘이 부족하기 때문에 쉽게 고립된다히 5:13. 이 문제를 해결하기 위해서는 "믿음이 강한 우리는 마땅히 믿음이 약한 자의 약점을 담당하고 자기를 기쁘게 하지 아니"롬

15:1 해야 한다.

그러나 거짓 예언의 가장 큰 목표물은 부상당하거나 화가 난 사람들이다. 그들이 가장 취약한 이유는 화가 난 사람들은 자신을 스스로 고립시키기 때문이다. 잠언 18장 19절은 말한다. "노엽게 한 형제와 화목하기가 견고한 성을 취하기보다 어려운즉." 견고한 성에는 성벽이 둘러쳐져 있다. 성벽이 그 성을 보호하며, 원하지 않는 이들이나 적들을 격리시킨다. 마찬가지로 노엽게 된 사람들은 그들의 마음 주위에 방어벽을 쌓는다. 그들은 수천 명의 교인들 가운데 앉아 있으면서도 철저히 혼자일 수 있다. 그들은 대가족의 일원이면서도, 마음으로는 고립되어 있다. 그들은 자신을 보호하기 위해 뒤로 물러서지만, 그것이 거짓 선지자의 미혹에 더 쉽게 노출되는 것임을 꿈에도 생각하지 못한다.

예수님은 말세에 이런 일이 있을 것을 미리 예견하셨다.

> 그때에 많은 사람이 실족하게 되어 서로 잡아 주고 서로 미워하겠으며 거짓 선지자가 많이 일어나 많은 사람을 미혹하겠으며. _마태복음 24:10-11

많은 거짓 선지자가 이처럼 실족한 사람들을 먹잇감으로 삼는다. 거짓 선지자는 과거의 상처와 아픔을 정확하게 짚어 내며, 자신에게 계속 초점을 맞추게 한다. 그리고 자기를 부인하며 십자가를 지고, 남을 용서하라고 격려하지 않는다. 실족한 사람은 이런 종류의 말을 들으면 경계를 늦추고 그 예언을 받아들이기 쉽다. 그리고는 그 예언을 지지하지 않는 사람으로부터 멀어지며, 그 예언을 준 사람에게로 다가가게 된다. 그렇게 해서 그들은 목사님과 친구들로부터 멀어져 간다.

나는 이 주제에 대해 겨우 운만 뗀 셈이지만, 참 선지자와 거짓 선지자의 가장 중요한 차이점에 관해서는 다시 반복하고 싶다. 거짓 선지자는 하나님께서 맡기신 은사를 이용해서 사람들을 자기에게로 이끈다. 참 선지자는 사람들을 하나님의 마음으로 이끈다.

참된 선지자와 만나고 나면 당신은 하나님을 찾고 싶은 강렬한 욕구를 느끼게 된다. 하나님의 말씀은 당신을 예수님께로 이끌고, 현재 당신 삶의 초점이 무엇인지를 선명하게 보여준다. 반대로, 거짓 선지자를 만나고 나면 당신은 방향과 격려가 필요할 때마다 또 다른 예언의 말씀을 찾아가게 된다.

그리스도가 아닌 다른 중재자를 받아들일 때 우리의 영적 상태는 위험해진다. 예수님은 휘장을 찢으셨고, 우리가 아버지의 임재 앞으로 나갈 수 있게 해 주셨다. 하나님의 임재 앞에서만 우리는 모든 필요와 가장 깊은 열망까지 충족시킬 수 있다.

진리의 사랑은 우리의 분별력을 날카롭게 하고,
우리가 죄에 빠지지 않도록 지켜 준다.
진리의 사랑을 받은 사람들은 결코 예언과 같은 은사를
하나님의 지혜보다 더 앞세우지 않을 것이다.

chapter.14
진리의 사랑

예수께서 "너희가 사람의 미혹을 받지 않도록 주의하라"고 경고의 말씀을 하신 것은 우리에게도 이에 대한 책임이 있음을 강조하시려는 것이다마 24:4. 진리의 길이 결코 쉽지 않다는 것을 우리가 깨닫고 마음에 확정하지 않으면, 주님의 이 경고는 별 의미가 없다. 사실, 주님은 그 길에 많은 환난과 고통이 있을 것이라고 언급하셨다막 4:17.

환난과 고통은 순종과 함께 길을 가는 동반자이다. 편안함과 안이함에 이끌리는 사람은 '편안한 삶'으로 진로를 쉽게 변경한다. 특히 거짓 선지자가 "주님께서 주시는 말씀"이라는 말로 유혹할 때, 쉽게 넘어가고 만다.

우리에게 책임이 있다

위로의 거짓 예언에 대한 좋은 사례는 열왕기상 13장에 나온다.

보라 그 때에 하나님의 사람이 여호와의 말씀으로 말미암아 유다에서부터 벧엘에 이르니 마침 여로보암이 제단 곁에 서서 분향하는지라 하나님의 사람이 제단을 향하여 여호와의 말씀으로 외쳐 이르되 제단아 제단아 여호와께서 이와 같이 말씀하시기를 다윗의 집에 요시야라 이름하는 아들을 낳으리니 그가 네 위에 분향하는 산당 제사장을 네 위에서 제물로 바칠 것이요 또 사람의 뼈를 네 위에서 사르리라 하셨느니라 하고 그 날에 그가 징조를 들어 이르되 이는 여호와께서 말씀하신 징조라 제단이 갈라지며 그 위에 있는 재가 쏟아지리라 하매 여로보암 왕이 하나님의 사람이 벧엘에 있는 제단을 향하여 외쳐 말함을 들을 때에 제단에서 손을 펴며 그를 잡으라 하더라 그를 향하여 편 손이 말라 다시 거두지 못하며 하나님의 사람이 여호와의 말씀으로 보인 징조대로 제단이 갈라지며 재가 제단에서 쏟아진지라 왕이 하나님의 사람에게 말하여 이르되 청하건대 너는 나를 위하여 네 하나님 여호와께 은혜를 구하여 내 손이 다시 성하게 기도하라 하나님의 사람이 여호와께 은혜를 구하니 왕의 손이 다시 성하여 전과 같이 되니라. _열왕기상 13:1-10

하나님은 악한 왕 여로보암을 꾸짖으라고 한 선지자를 벧엘로 보내셨다. 그리고 그 사자(선지자)에게 아주 구체적인 지침을 주셨다.

그는 먹지도, 마시지도, 온 길로 되돌아가서도 안 된다. 그는 그 말씀에 순종했고 능력과 권위를 갖고 담대하게 하나님의 말씀을 전했다. 그러자 왕은 진노했고 이 하나님의 사람을 잡으려고 손을 내밀었지만, 오히려 그 손이 마르고 말았다. 왕은 자신을 위해 하나님께 간구해 달라고 선지자에게 간청했다. 선지자가 하나님께 기도하자 왕의 손은 예전처럼 회복되었다.

여전히 회개하지는 않으면서도 고마운 마음이 있었던 여로보암은 그 선지자를 왕궁으로 초대하면서 편히 쉬고 예물을 받으라고 했다. 그러나 그 선지자는 즉각 왕의 초대를 거절하면서 하나님이 주신 지침을 반복했다. "이는 곧 여호와의 말씀이 내게 명령하여 이르시기를 떡도 먹지 말며 물도 마시지 말고 왔던 길로 되돌아가지 말라 하셨음이니이다" 왕상 13:9. 그리고 하나님 말씀에 순종해서 그는 즉시 다른 길로 고향인 유다를 향해 떠났다.

그 소식은 곧 널리 퍼졌고, 벧엘에 사는 한 늙은 선지자가 이 젊은 선지자를 좇아갔다. 그는 상수리나무 아래서 쉬고 있었다. 긴 여정이었고, 왕과의 대면은 극도로 긴장을 요하는 일이었다. 그는 허기지고 목말랐으며 지쳐 있었다. 즉, 공격받기 쉬운 상태였던 것이다. 이런 어렵고 힘든 상황에서는 미혹에 공격당하기 쉽다.

늙은 선지자는 그를 다시 자기 집으로 초대하면서 음식을 먹고 쉬어 가라고 했다. 하나님의 사람은 다시 한 번 하나님께서 주신 지침을 반복했다. "나는 그대와 함께 돌아가지도 못하겠고 그대와 함께 들어가지도 못하겠으며 내가 이곳에서 그대와 함께 떡도 먹지 아니하고 물도 마시지 아니하리니 이는 여호와의 말씀이 내게 이르시기를 네가 거기서 떡도 먹지 말고 물도 마시지 말며 또 네가 오던 길로 되돌아가지도 말라 하셨음이로다" 왕상 13:16-17.

그러자 늙은 선지자가 재빨리 대답했다. "나도 그대와 같은 선지자라 천사가 여호와의 말씀으로 내게 이르기를 그를 네 집으로 데리고 돌아가서 그에게 떡을 먹이고 물을 마시게 하라 하였느니라" 왕상 13:18.

젊은 선지자는 지치고 마음이 심란한 자신을 하나님이 돌아보셨다고 생각했을지도 모른다. 어쩌면 왕을 거절한 것만으로 자신의 소임을 다했다고 여겼을지도 모른다. 하나님은 정말 그런 뜻으로 말씀하신 것이 아닐지도 몰랐다.

하지만 그게 아니었다. 성경은 이렇게 설명한다. "이는 그 사람을 속임이라" 왕상 13:18.

이 젊은 하나님의 사람은 그를 불편하게 한 바른 길을 버렸고, 편안한 곳을 좇아 늙은 선지자를 따라갔다. 그때 그 상황에서는 거짓말이 하나님의 진리보다 더 사리에 맞는 것처럼 보였다. 하지만 일시적인 편안함의 대가는 혹독했다. 그들이 먹고 있는 동안, 주님의 말씀이 늙은 선지자에게 임했다.

> 그가 유다에서부터 온 하나님의 사람을 향하여 외쳐 이르되 여호와의 말씀에 네가 여호와의 말씀을 어기며 네 하나님 여호와께서 네게 내리신 명령을 지키지 아니하고 돌아와서 여호와가 너더러 떡도 먹지 말고

> 물도 마시지 말라 하신 곳에서 떡을 먹고 물을 마셨으니 네 시체가 네 조상들의 묘실에 들어가지 못하리라 하셨느니라 하니라. _열왕기상 13:21-22

미혹의 말을 전한 지 불과 몇 시간 만에 그 늙은 선지자는 하나님이 주시는 참된 메시지를 전했다. 발람의 경우에서 보았던 것처럼 우리는 다시 한번 부패한 선지자도 진정한 예언의 도구가 될 수도 있음을 본다. 하나님의 말씀을 불순종한 젊은 선지자는 늙은 선지자의 집을 떠나자마자 사자의 공격을 받아 죽게 된다. 그렇게 해서 주님의 말씀이 성취되었다.

왕궁의 화려한 예물과 연회는 늙은 선지자의 빵과 물보다 더 유혹이 되었겠지만, 이 젊은 선지자는 왕의 제의를 거절하는 데 아무런 어려움이 없었다. 그러나 동료 선지자 또는 신자가 위로의 말로 접근했을 때, 이 지친 젊은 선지자는 유혹에 넘어가고 말았다. 그는 이것이 자신의 순종에 대한 하나님의 축복이라고 생각했다. 비록 그는 늙은 선지자의 말을 곧이곧대로 믿긴 했지만, 자신이 곧 그 선택으로 인한 결과를 받게 되리라고는 전혀 예상하지 못했을 것이다.

사악한 지도자나 명백한 죄를 식별하고 피하는 데에는 그리 많은 분별력이 필요치 않다. 이들은 이리의 옷을 입은 이리일 뿐이다. 우리를 혼란스럽게 하는 것은 훨씬 미묘한 형태로 다가온다. 그들은 양의 옷을 입은 이리이며, 부드러운 말과 영적인 은사를 행사한다.

참과 거짓을 분별하는 책임은 우리에게 있음을 깨달아야 한다. 지도자들은 자기에게 맡겨진 양떼가 거짓 예언에 의해 더렵혀지고 약탈 당한 것에 대해 책임을 지게 될 것이다. 거짓 예언을 대적하지 않고 받아들인 것에 대한 책임을 지게 될 것이다. 하나님은 우리에게 거짓과 미혹을 분별하고 피할 수 있는 길을 마련해 주셨다.

진리의 사랑을 받은 사람

바울의 말에 따르면, 말세에 그렇게 많은 사람들이 쉽게 미혹에 빠지는 이유는 그들이 "진리의 사랑을 받지" 않았기 때문이다살후 2:10. 진리의 사랑은 우리의 분별력을 날카롭게 하고, 우리가 죄에 빠지지 않도록 지켜 준다. 진리의 사랑을 받은 사람들은 결코 예언과 같은 은사를 하나님의 지혜보다 더 앞세우지 않을 것이다. 진리의 사랑은 어떤 개인적인 이익이 없다 할지라도 우리가 언제나 순종의 길을 선택하도록 이끈다.

젊은 선지자는 자기의 고난을 면하게 해 줄 기회가 주어졌을 때에도, 하나님이 주신 지침을 되풀이했다왕상 13:16-17.

그런데 우리는 이런 반응에서 그의 진심을 엿볼 수 있다. '못하겠고cannot'라는 말을 통해 그의 마음속에 이미 어려움과 불편함이 자리를 잡았다는 것을 알 수 있다. 이제 임무는 거의 완성됐고, 열정은 점점 사라져 갔다. 주님의 말씀은 더 이상 그를 이끌거나 채워 주지 못하고 있다.

반면 하나님의 사람, 다윗은 이렇게 말한다. "나의 하나님이여 내가 주의 뜻 행하기를 즐기오니 주의 법이 나의 심중에 있나이다" 시 40:8. 시편 119편 47절은 "내가 사랑하는 주의 계명들을 스스로 즐거워하며"라고 말씀한다. 다윗은 가장 가까운 친구들이 그를 만류할 때조차도 여전히 진리를 사랑했다. 진리를 향한 그의 사랑이 마음속에 미혹이 침입하는 것을 막아 주었던 것이다.

다윗이 사울의 진노를 피해 광야에 숨어 있을 때조차도 이런 예를 찾아볼 수 있다. 다윗은 이미 사울 앞에서 자기의 무고함을 증명한 바 있다 삼상 24장 참조. 그러나 사울은 또다시 3천 명의 군사를 이끌고 십 광야로 그를 잡으러 왔다. 이것은 다윗을 죽이려는 의지가 확고하다는 것을 분명히 보여 주었다.

어느 날 밤, 다윗과 아비새가 사울의 진영에 숨어들었다. 하나님이 사울의 모든 군대를 깊이 잠들게 하셨기 때문에 그들을 발견한 이는 아무도 없었다. 그들은 군대를 지나쳐 잠자고 있는 사울 앞에 이르렀다. 아비새가 다윗에게 이렇게 간청했다. "하나님이 오늘 당신의 원수를 당신의 손에 넘기셨나이다 그러므로 청하오니 내가 창으로 그를 찔러서 단번에 땅에 꽂게 하소서 내가 그를 두 번 찌를 것이 없으리이다"삼상 26:8.

아비새는 다윗이 사울을 죽이라고 명령해야 할 이유가 많다고 생각했다. 가장 중요한 이유는, 사울이 무고한 제사장 85명과 그들의 처자를 잔인하게 죽였기 때문이다. 이런 미친 자를 지도자로 두고 있는 나라는 그 운명이 풍전등화와 같다.

둘째, 하나님이 사무엘의 말을 통해 다윗을 이미 이스라엘의 다음 왕으로 기름 부으셨기 때문이다. 이제는 다윗이 왕위를 주장할 때가 되었다. 그런데 하나님의 예언이 성취되기 전에, 죽어야 한단 말인가?

셋째, 사울은 3천의 군대를 이끌고 다윗과 그의 사람들을 죽이러 오지 않았던가? 지금은 죽느냐 죽이냐의 상황이다. 그러니 이것은 분명히 정당방위인 것이다. 아비새는 어떤 법정이라도 자신들의 행위를 정당하게 봐 줄 것을 알았다.

넷째, 하나님께서 이 군대를 깊은 잠에 들게 하셔서 자신들이 사울에게까지 이를 수 있었던 것이 아닌가? 이것은 하나님이 주신 기회였고, 이런 기회는 다시 오지 않을지도 모른다. 지금이야말로 예언의 말씀을 성취할 때였던 것이다!

비록 이런 이유들이 타당하게 보였고 논리 정연한 것 같으며, 가까운 형제가 그런 이유를 들어 간청했지만, 실상 이것은 다윗에 대한 시험이었다. 아비새의 모든 논리는 사실이었지만, 그것이 '진리'는 아니었다.

하나님은 다윗의 반응을 보고 싶으셨다. 그는 어떤 왕이 될 것인가? 그는 자신의 권위로 다른 사람들을 섬길 것인가 아니면 자신을 섬길 것인가? 그는 스스로 심판자가 될 것인가, 아니면 하나님의 의로운 심판에 복종할 것인가?

다윗은 사울을 자기가 심판해서는 안 된다는 것을 알고 있었다. 만약 다윗이 조금이라도 왕위를 욕심냈다면, 그는 사울을 죽이라고 명령했을 것이다. 다윗은 누워 있는 사울의 희미한 모습 옆에서 '무언가 다른 것'을 보았다. 우리는 그것을 그의 대답에서 볼 수 있다.

> 죽이지 말라 누구든지 손을 들어 여호와의 기름 부음받은 자를 치면 죄가 없겠느냐 내가 손을 들어 여호와의 기름 부음받은 자를 치는 것을 여호와께서 금하시나니. _사무엘상 26:9,11

다윗은 그와 사울 사이에 있는 주님의 손을 보았다. 사울을 죽임으로써 자신의 불편한 현실을 끝낼 수 있었지만, 하나님의 진리를 향한 사랑이 있었기 때문에 하나님께서 그에게 약속하신 것을 강제로 취하지 않았다. 비록 그는 도망 다니는 처지였지만, 사울을 괴롭혔던 탐욕으로부터 자유로울 수 있었다. 그는 자신의 안녕보다 진리를 더 앞세우기 원했다.

반면 젊은 선지자는 자기의 안녕을 추구하다가 미혹에 빠져 자신의 삶을 송두리째 잃어버렸다. 그는 하나님의 말씀으로부터 거짓 예언의 논리로 돌아섰던 것이다. 만약 우리가 미혹으로부터 자유로운 삶을 살기 원한다면, 우리는 반드시 성령님께서 우리의 깊숙한 곳에서 진리를 향한 불타는 사랑을 일으키시도록 해야 한다.

어떻게 그런 자리에 도달할 수 있을까? 하나님의 신실하심을 신뢰함으로써 가능하다. 다윗은 이렇게 말했다.

> 여호와를 의뢰하고 선을 행하라 땅에 머무는 동안 그의 성실을 먹을거리로 삼을지어다 또 여호와를 기뻐하라 그가 네 마음의 소원을 네게 이루어 주시리로다 네 길을 여호와께 맡기라 그를 의지하면 그가 이루시고 네 의를 빛 같이 나타내시며 네 공의를 정오의 빛 같이 하시리로다 여호와 앞에 잠잠하고 참고 기다리라 자기 길이 형통하며 악한 꾀를 이루는 자 때문에 불평하지 말지어다. _시편 37:3-7

다윗은 우리에게 하나님의 약속이 이루어질 것을 믿고, "그의 성실을 먹을거리로" 삼으라고 말한다. 하나님의 약속을 떠올리는 것이 더 이상 내 영혼의 양식이 되지 못할 때가 있었다. 적들은 점점 옥죄어 오고, 하나님의 응답은 내 손길이 닿지 않는 곳에서 표류할 뿐이었다. 이럴 때 나는 그분의 성실하심을 의뢰하며 그분이 자신의 의로운 말씀을 이루실 것을 믿었다. 힘들게 기다리는 동안, 누군가 이 불편함을 벗어날 길이 있다고 유혹했지만, 마음속 깊은 곳에서 나는 그것이 하나님의 길이 아님을 알 수 있었다.

시편에 의하면, 하나님은 우리 마음의 소원을 이루어 주시겠다고 약속하신다. 많은 사람이 이 성경 말씀을 잘못 적용하는 실수를 범한다. 우리는 그 약속을 나의 목표와 욕망을 충족시켜 주는 말씀으로 간주한다.

그러나 다윗은 그렇게 말하지 않는다. 다윗은 우리에게 하나님

안에서 기뻐하며, 그분께 우리의 길을 맡기라고 권고한다. 왜냐하면 그럴 때에 비로소 하나님께서 우리 안에 의로운 소원을 주시고, 그것을 이루어 주실 것이기 때문이다. 신약 성경에서 주님과 가까이 동행했던 사람들의 삶을 살펴보면, 그들의 가장 큰 소원은 하나님을 친밀하게 알며 다른 이들도 하나님과 동행하게 하는 것이었다.

바울은 그것을 이렇게 표현했다. "형제들아 내 마음에 원하는 바와 하나님께 구하는 바는 이스라엘을 위함이니 곧 그들로 구원을 받게 함이니라" 롬 10:1. 바울의 소원은 개인적인 이익, 위로 또는 사람들에게 인정받는 것이 아니었다. 바울을 불사른 것은 이스라엘의 구원을 향한 하나님의 열정이었다. 그런 갈망이 방해받지 않게 하려고 그는 자기의 권리를 과감하게 포기했다. "우리가 이 권리를 쓰지 아니하고 범사에 참는 것은 그리스도의 복음에 아무 장애가 없게 하려 함이로다" 고전 9:12. 이런 사람을 미혹하는 것은 정말 어려운 일이 아닐 수 없다.

바울은 우리 시대가 어렵고 위험한 때라고 설명한다. 왜냐하면 돈과 쾌락을 향한 사랑이 진리의 사랑을 압도해 버리기 때문이다. 그래서 사람들은 "항상 배우나 끝내 진리의 지식에 이를 수 없[다]" 딤후 3:7. 비록 그들이 교회, 컨퍼런스, 야외 집회, 세미나 등을 전전하지만, 변화되지 않는 것이다.

그들은 변화transformation되지 않고 정보information만 모으고 있다. 정보는 지식knowledge이 아니다. 지식은 갈망, 겸손 그리고 진리를 적용하면서 얻는 것이다. 하나님은 지식을 사모하는 자들에게 그것을 허락하신다. 사도 요한은 이렇게 기록했다. "내가 내 자녀들이 진리 안에서 행한다 함을 듣는 것보다 더 기쁜 일이 없도다"요삼 1:4. 그의 고백은 바울의 깊은 소원을 떠올리게 한다.

종교도 열렬하며 열정적일 수 있다. 바리새인은 자기들이 믿는 것을 위해 살인을 할 만큼 열정적이었다. 여러분은 교리와 종교를 사랑하면서도 진리는 사랑하지 않을 수 있다. 진리는 가르침이 아니다. 그것은 예수님 안에서만 발견되는 것이다. 예수님은 이렇게 약속하셨다. "내가 곧 길이요 진리요 생명이니"요 14:6.

진리를 사랑하는 사람은 예수님을 사랑한다. 그들은 자신에게 해가 된다 해도 하나님의 말씀을 받아들이고 순종한다. 그리고 그 말씀이 성취되기를 갈망한다. 자기를 사랑하지 않고 하나님을 사랑하기 때문이다. 그들의 가장 큰 열망은 사람들이 하나님의 뜻을 따르고, 그분의 임재 앞으로 나오는 것이다. 그들은 개인적인 성공이나 편안함을 약속하는 예언을 따르는 대신, 하나님의 모든 말씀에 순종하기 위해 기꺼이 고난을 당한다. 그들은 십자가를 지고, 자신의 삶을 내려놓는다.

이런 복종이야말로 진정한 겸손이다. 겸손은 강압적이거나 억제하는 것이 아니라, 진리에 순복하는 것이다. 우리가 자신의 의도, 욕망, 뜻을 내려놓고, 하나님의 뜻을 성취하려는 열망을 품을 때, 진정으로 겸손해진다. 이것은 결코 쉬운 일이 아니지만, 겸손한 사람은 하나님의 은혜를 힘입을 것이며, 그분의 은혜는 우리를 능히 모든 미혹으로부터 지켜 주실 수 있다!

만약 하나님의 말씀을 거스르는 어려움이 닥치면,
우리는 기도와 순종으로 그것을 다루면 된다.
그러나 우리가 스스로 약속의 예언을 성취하려고 해서는 안 된다.

chapter.15
개인 예언은
이렇게 시험해 보라

오늘날 많은 사람들이 선지자에게 가서 예언을 받아 보는 것을 권한다. 이것은 구약 시대에 사람들이 선지자를 찾아가서 하나님의 뜻을 묻던 행태에서 유래한 것이라 할 수 있다. 하지만 우리가 지금 구약 시대를 살고 있는가? 그렇지 않다. 하나님이 선지자들을 통해서만 말씀하시는 분인가? 결코 그렇지 않다. 하나님은 분명히 이렇게 선언하셨다.

> 옛적에 선지자들을 통하여 여러 부분과 여러 모양으로 우리 조상들에게 말씀하신 하나님이 이 모든 날 마지막에는 아들을 통하여 우리에게 말씀하셨으니. _히브리서 1:1-2

오늘날 모든 믿는 자 안에는 하나님의 영이 거하시지만, 구약 시대에는 그렇지 않았다. 그리스도의 희생이 있기 전에는, 대부분 선지자나 제사장과 같은 일부 선택된 사람에게만 하나님의 영이 임하셨다. 그렇기 때문에 구약 시대의 조상들은 선지자나 제사장을 찾아가서 주님의 뜻을 구했던 것이다. 그러나 신약 시대에는 그럴 필요가 없다. 예수님은 그분을 믿는 모든 자에게 주시는 성령에 대해서 이렇게 말씀하셨다.

> 그는 너희와 함께 거하심이요 또 너희 속에 계시겠음이라 그가 너희를 모든 진리 가운데로 인도하시리니 그가 스스로 말하지 않고 오직 들은 것을 말하며 장래 일을 너희에게 알리시리라. _요한복음 14:17; 16:13

성령님은 그리스도에 관한 것을 우리에게 보여 주신다. 그분은 자신의 권위로 오시지 않고 그리스도의 권위로 오시며, 자기 말이 아니라 예수님의 말씀을 전하신다. 예수님과 아버지의 패턴을 반복하시는 것이다. 예수님은 하나님의 말씀으로 오셨고, 성령님은 아들의 말씀으로 오신다. 우리가 주님께 묻기 위해 거쳐야 할 다른 중보자는 없다. 예수님은 제자들에게 이 새로운 삶의 길을 다음과 같이 설명해 주셨다.

> 내가 진실로 진실로 너희에게 이르노니 너희가 무엇이든지 아버지께 구하는 것을 내 이름으로 주시리라 지금까지는 너희가 내 이름으로 아

무엇도 구하지 아니하였으나 구하라 그리하면 받으리니 너희 기쁨이 충만하리라. _요한복음 16:23-24

야고보 역시 우리가 직접 하나님께 구할 수 있음을 확증한다.

너희 중에 누구든지 지혜가 부족하거든 모든 사람에게 후히 주시고 꾸짖지 아니하시는 하나님께 구하라 그리하면 주시리라. _야고보서 1:5

신약 성경에는 '예언의 중보자'가 나오지 않는다. 예수님만이 우리의 중보자다 딤전 2:5. 만약 여쭤 볼 필요가 있으면, 우리가 예수님의 이름으로 아버지께 직접 나가면 된다. 구약 시대의 성도들에게는 이런 특권이 없었다.

하나님께서 우리에게 주실 말씀이 있을 경우에는 종종 예언의 사자를 사용하시기도 한다. 그러나 우리가 직접 선지자를 찾아서는 안 된다. 우리는 주님을 찾아야 한다.

나는 하나님께서 사자를 보내시는 경우가 두 가지 정도 있음을 알게 되었다. 더 많겠지만, 이 둘이 가장 흔한 경우다. 첫째, 어떤 이유 때문에 하나님이 직접 하시는 말씀을 우리가 듣지 못할 경우, 하나님은 다른 사람을 통해 우리에게 말씀하시기도 한다. 종종 불순종으로 인해 우리 마음이 굳어진 경우가 이에 해당한다. 이런 경우에 하나님은 사자를 보내셔서 우리에게 순종을 촉구하신다.

하나님께서 다른 사람을 통해 우리에게 말씀하시는 두 번째 경우는 극심한 환난이나 박해가 다가올 경우이다. 하나님은 선지자를 통한 격려의 말씀으로 우리를 무장시키셔서 효과적으로 싸울 수 있게 하신다딤전 1:18.

성경은 우리가 예언을 받아들이기 전에 예언고전 14:29; 살전 5:20-21과 그것을 전하는 사람의 영요일 4:1을 모두 분별해야 한다고 말씀하신다.

어떻게 해야 하는가? 당신이 이 책에 기록된 예화들과 하나님의 말씀을 잘 읽었다면, 이미 그 준비는 마친 셈이다. 하지만 예언을 판단하는 데 있어서 고려해야 할 몇 가지 중요한 진리가 있다.

우선, 이전에 예언을 판단하기 위해 사용했던 원리 중에 오류가 있다면 이를 머릿속에서 철저히 지워 내야 한다. 이를테면 '예언은 여러분의 마음속에 있는 것을 확증한다.'와 같은 말이다. 이 진술이 항상 옳은 것은 아니다. 아합은 자기가 듣고 싶어 하던 것을 이스라엘의 선지자 4백 명으로부터 들었다. 그들은 아람에 대한 승리를 예언했고, 그의 전쟁 계획을 승인했다. 그러나 이 예언은 단지 아합의 마음속에 있는 우상 숭배를 따른 것뿐이었다. 이 우상 숭배가 결국 그를 죽게 만들었다.

신약 성경을 살펴보자. 예수님은 베드로에게 그가 닭이 울기 전에 세 번 주를 부인할 것이라고 말씀하셨다. 이 예언은 베드로의 마음에 있던 것을 확증한 것이 아니었을 뿐 아니라, 베드로는 그 말에 반박하며 주를 위해 죽을 것이라고 담대히 외쳤다. 비록 베드로는 예수님이 하신 이 말씀을 받아들이지 않았지만, 결국 그 말씀은 이루어졌다.

또 하나 널리 퍼진 오해는 이것이다. '예언에 대해 확신이 들지 않으면 일단 보류해 두라, 만약 그것이 하나님의 말씀이면 이루어질 것이다.' 보류해 두는 것은 예언에 따라오는 영적인 힘을 다루지 않는 것이다. 만약 어떤 예언이 거짓이라면, 그 예언은 우리의 순종을 방해한다. 오염과 더러움이 우리 속에 스며들 것이다. 하나님의 말씀은 예언에 대해 보류하는 것이 아니라 판단하라고 말씀하신다!

기록된 하나님의 말씀

어떠한 예언을 판단하는 제일 우선되는 기준은 기록된 하나님의 말씀과 상충해서는 안 된다는 것이다. 성경에 나오는 가장 마지막 경고를 보자.

> 내가 이 두루마리의 예언의 말씀을 듣는 모든 사람에게 증언하노니 만일 누구든지 이것들 외에 더하면 하나님이 이 두루마리에 기록된 재앙들을 그에게 더하실 것이요 만일 누구든지 이 두루마리의 예언의 말씀에서 제하여 버리면 하나님이 이 두루마리에 기록된 생명나무와 및 거룩한 성에 참여함을 제하여 버리시리라. _요한계시록 22:18-19

나는 이 경고가 요한계시록뿐 아니라 다른 모든 성경에도 적용된다고 믿는다. 왜냐하면 모든 성경은 예언의 책이기 때문이다. 요한계시록은 모든 성경의 가장 마지막 책이기 때문에, 하나님은 이 엄중한 경고를 제일 마지막에 두신 것이다. 비슷한 경고가 잠언의 결론 부분에 나타나는 것도 우연이 아니라고 믿는다. 잠언은 이렇게 말한다.

> 하나님의 말씀은 다 순전하며 하나님은 그를 의지하는 자의 방패시니라 너는 그의 말씀에 더하지 말라 그가 너를 책망하시겠고 너는 거짓말 하는 자가 될까 두려우니라. _잠언 30:5-6

나는 이 책에 나오는 모든 생각과 사례를 하나님의 말씀으로 확증하기 위해 최선을 다했다. 비록 많은 경우에 예언의 말이 구체적인 성경 구절들과 직접적으로 모순되지는 않을지라도, 여전히 하나님의 기록된 말씀의 빛에 비추어 그것들을 판단해야 한다.

성령님의 증거

우리의 두 번째 안전장치는 성령님의 내적인 증거다. 예언의 메시지가 기록된 하나님의 말씀으로 확증될 수 없는 경우에는 이것이 우리의 유일한 방책일 수도 있다. 바울은 우리에게 이렇게 말한다.

"무릇 하나님의 영으로 인도함을 받는 사람은 곧 하나님의 아들이라"롬 8:14. 우리는 예언이 아니라 하나님의 영으로 인도함을 받아야 한다. 예언은 하나님의 영에 의해 판단되어야 하며 하나님의 영에 복종해야 한다. 바울은 성령께서 인도하시는 탁월한 방법에 대해 이렇게 말한다. "성령이 친히 우리의 영과 더불어 우리가 하나님의 자녀인 것을 증언하시나니"롬 8:16.

성령님은 우리의 영과 더불어 증언하신다. 이를 통해 두 가지 중요한 점을 알 수 있다.

첫째, 이 증언은 우리의 머리가 아니라 마음속에 있다. 둘째, 성령의 증언은 말에 있는 것이 아니라 평안의 유무에 달려 있다. 바울은 골로새 교회에 보낸 편지에서 이렇게 말한다.

> 그리스도의 평강이 너희 마음을 주장하게 하라. _골로새서 3:15

다른 사람을 통해 예언의 말씀을 듣게 된 것인지 아니면 우리가 마음속으로 들은 것인지는 중요하지 않다. 그리스도의 영을 통해 느끼는 평안이 내 판단의 심판관이 되어야 한다. 만약 우리 마음속에 불편함이나 비통함이 있다면, 그 예언은 하나님의 영이 말씀하신 것이 아니다.

이 원리는 아무리 강조해도 지나치지 않다. 우리는 이 사실을 마음속에 확실히 간직해야 한다. 만약 우리가 마음에 말씀을 받아들이거나 다른 사람을 통해 말씀을 듣게 될 때, 성령님께서 주시는 평안의 증거가 없으면, 그 말씀은 거부되어야 한다. 평안의 증거가 심판관 또는 결정권자다.

우리 사역을 위한 행정 사무원이 필요해서 나는 1년 넘게 적임자를 찾고 있었다. 이 기간 동안 네 명의 후보자를 추천받았다. 세 명은 기대 이상의 자격 요건을 갖추고 있었다. 한 명은 행정관으로서 군에서 포상을 받은 분이었고, 한 명은 몇 년 사이에 작은 회사가 큰 회사로 성장하는 동안 행정을 책임진 사람이었으며, 다른 한 명은 잘 알려진 명망 있는 국제 사역 기관에서 20년 이상 행정 일을 해 온 분이었다.

그러나 그들의 뛰어난 업적에도 불구하고, 내 마음에는 평안이 별로 없었다. 이런 생각까지 들었다. '존, 네가 너무 종교적인 기준으로만 사람을 봐서 그런 것 아니야? 좋은 사람조차 분별할 수 없더냐?' 후보자를 떨어뜨릴 때마다 과연 우리가 필요한 사람을 뽑을 수 있을까 하는 의문이 들었다. 하지만 내 마음속 깊은 곳에는 평안이 없었다.

이 과정에서 아내는 이렇게 말했다. "다른 사람을 고용하기 전에 먼저 스캇과 이야기하셔야 해요." 스캇은 이전에 자원봉사로 우리를 몇 번 도운 적이 있었다. 다른 후보자들을 모두 살펴본 후, 나는 그에게 혹시 이 일에 관심이 있는지 물어보았다. 그는 기도한 다음에 그렇다고 대답했다.

내 사무실에서 그를 만나던 날, 하나님의 평안과 임재가 아내와 내 마음에 밀려왔고, 사무실을 가득 채웠다. 우리 부부는 인터뷰 내내 놀라워하며 서로를 힐끗거렸다. 우리는 그런 평안을 느낄 수 있다는 것에 놀라고 또 놀랐다. 우리는 의심 없이 이 사람이 하나님의 선택임을 알게 되었다. 성령께서 그것을 증거하셨기 때문이다. 스캇은 우리 사역 팀에 큰 축복이 되었다. 다른 후보 모두 경건한 사람들이었지만, 그 직책을 위해 하나님이 선택하신 사람은 아니었던 것이다.

정확성이 아니라 평안이 심판관이다

지난 수십 년간 나는 다 기억하지 못할 만큼 예언의 말씀을 많이 받았다. 그러나 불과 몇 개만 진정한 하나님의 말씀이었다. 그 말씀들은 마치 어제 들은 것처럼 지금도 생생하다. 하나님이 말씀하시면, 여러분은 그것을 잊어버릴 수 없다. 참된 하나님의 말씀에는 공통분모가 있다. 각각의 말씀에서 나는 하나님의 임재를 느꼈고, 내 마음속에 평안의 증거가 있었다. 내 죄를 깨닫게 하고, 나를 바로잡아 주는 말씀조차 내 마음속 깊은 곳에 평안을 불러왔다.

1980년대에 내가 청소년부 목사로 일하던 첫 해에, 나는 성공적인 목회를 이끌었고 사람들도 그것을 칭찬하기 시작했다. 사역을 시작한 지 1년 정도가 지날 무렵, 전부터 알고 있던 존경하는 목사님이 교회를 방문해서 이렇게 말했다. "존, 하나님이 자네를 위해 말씀을 주셨네. 자네는 이제 곧 죽음의 과정을 지나가게 될 것이며, 이 교회를 통해서 그 일을 하실 것이라고 말씀하셨네. 힘든 과정이 될 터이지만, 그 과정을 통해서 주님과 더 가까워지며 자네 사역에 더 큰 권위가 따르게 될 것이라고 말씀하셨네."

그분은 다른 자연적인 정보를 통해서는 이런 메시지를 끄집어낼 수 없었다. 그때 나는 56명의 청소년을 데리고 갔던 매우 성공적인 선교 여행에 관해 전교인에게 보고한 직후였다. 또한 우리의 청소년 방송 프로그램에 대해서도 보고했었다. 내가 맡은 일들은 잘 진행되고 있었고, 한마디로 승승장구하는 중이었다. 그래서 이 예언의 말씀은 지난 열두 달과는 잘 연결이 되지 않았다. 그러나 그의 이야기를 듣는 동안 나는 마음속에 강한 증거를 느꼈다. 어떤 감정적인 흥분과는 분명히 차이가 났고, 평안이 있었다. 그 말씀이 하나님의 말씀임을 알 수 있었다.

그 후 몇 달 동안은 내게 모든 지옥이 덮쳐 오는 것 같았다. 사방에서 어려움이 일어났다. 일부는 나의 미성숙함 때문이었지만, 대부분은 내가 한 일과 전혀 상관이 없는 것들 때문이었다. 가장 어려웠던 시련은 내가 청소년들에게 전한 메시지를 싫어했던 한 사람으로부터 비롯되었다. 보통 이런 경우에 나는 별 영향을 받지 않지만, 이 사람은 나에 대해 권위를 행사하는 직위에 있던 분이었다. 하나님은 나를 통해 젊은이들에게 정결과 회개에 대한 강한 말씀을 전하셨는데, 마침 그의 아들이 청소년 그룹에 속해 있었다.

그의 아들은 죄에 대한 강한 자각으로 마음이 뒤흔들렸다. 그 아이는 도전받은 말씀에 비추어 볼 때, 집에서 목격하는 생활 방식이 너무나 잘못되었음을 깨닫고는 몹시 당황스러워했다. 이 일과 함께 다른 성격상의 충돌로 인해 아이의 아버지는 나를 교회에서 쫓아내기로 결심했다. 그는 담임 목사에게 가서는 거짓 모함으로 나에 대한 분노를 쏟아 냈다. 그리고 내게 와서는 담임 목사가 나에 대해서 나쁘게 말했지만, 자기가 나를 변호해 주었다며 거짓말을 하곤 했다. 그는 나를 파괴할 마음이었지만, 내 앞에서는 미소를 지었던 것이다.

그 사건은 몇 달 동안 점점 고조되어 갔고, 마침내 담임 목사는 나를 해고하기로 결심했다. 하지만 내가 일을 그만두기로 한 바로 그날에, 담임 목사가 마음을 바꾸었다. 몇 달 후에 내가 다른 지역을 방문하는 중에, 그가 저지른 모든 잘못이 드러났고, 오히려 그 사람이 교회를 그만두게 되었다. 이 일과 다른 사건들을 통해, 나는 이전에 경험하지 못했던 정결의 해를 보내게 되었다.

나는 이전에 받았던 예언의 말씀으로 어떻게 그 어려운 시기를 견딜 수 있었는지 잘 기억하고 있다. 나는 그 말씀 안에서 내 자신을 격려했다. 그 말씀에 의지해서 내 생각을 공격했던 실망과 절망에 대항해서 싸웠다. 나는 하나님께서 이 일이 일어날 것을 미리 아셨고, 이 고난을 통해 나를 더 가깝게 인도하시겠다는 약속을 주셨음을 몇 번이나 스스로 상기했다. 처음부터 나는 이 말씀이 나를 위한 참된 예언의 말씀임을 내적 증거를 통해 알았다. 되돌아보면, 그 해에 나는 그 이전과 비교할 수 없는 많은 인격적인 성숙을 이루었다. 예언의 말씀 그대로 시련을 통해서 예수님과 더 가까이 동행하게 되었고, 그분의 거룩한 지혜와 힘을 얻게 되었다.

반면에 내 과거와 현재에 대해 놀랄 만큼 정확한 예언이었지만, 하나님의 임재나 평안이 없었던 말씀도 받은 적이 있다. 수년 전에 있었던 한 가지 사례는 특기할 만하다. 한 예언 집회에서 내가 호명된 적이 있다. 이 사람은 나를 본 적이 없었지만, 내 과거와 현재에 대해서 아주 정확하게 말했다. 그가 이야기를 하는 동안 나는 이렇게 생각했다. '놀랄 만큼 정확하군. 그런데 왜 하나님의 임재나 증거를 느낄 수가 없지?' 그가 말하는 내용은 정말 흥분되는 것이었고, 내가 듣고 싶던 내용이었다. 그래서 나는 내 마음속에 평안의 증거가 없다는 사실을 애써 억눌렀다.

나는 정확성을 근거로 그의 예언을 받아들였다. 그 결과, 나는 그때부터 모든 것을 그가 말한 내용을 통해서 바라보기 시작했다. 이로 인해 아내와의 사이가 많이 불편해졌다. 그렇게 몇 년이 지나갔지만, 그가 반드시 일어나리라고 말했던 결정적인 일들이 일어나지 않았다. 사실, 정반대의 일이 발생했다. 그것은 우리가 어찌할 수 없는 일이었고, 그 사건을 계기로 우리는 삶에 얼마나 열매가 없었는지를 깨닫게 되었다.

그때 나는 이 책에서 말한 진리를 이해하기 전이었기 때문에 "정확하지만 하나님의 성령의 증거가 부족한" 예언에 대해서 무방비 상태였다. 나는 그 예언이 미래에 대한 나의 시각과 전망에 나쁜 영향을 미치도록 내버려 두었던 것이다. 하나님께서 이 책에서 내가 나눈 것을 보여 주신 후로는, 그분께서 진정으로 말씀하시는 것을 분별하는 것이 훨씬 쉬워졌다. 이 책을 통해 여러분도 그런 명료함을 얻기를 기도한다.

거짓 예언은 어떻게 처리해야 하는가

"하나님이 주시는 것이 아닌 말씀을 받을 경우, 어떻게 해야 하나요?"

지도자가 아니라 동료가 그런 말씀을 전한다면, 그것이 거짓 예언이라는 것을 알게 되는 즉시, 차단하는 것이 좋다.

몇 년 전에 나는 한 가정에서 몇몇 그리스도인 부부와 모임을 가졌다. 모임이 끝나 갈 무렵, 우리는 기도하기 시작했고, 한 여인이 말씀을 전하기 시작했다. 그녀가 내게로 다가왔을 때, 나는 어떤 평안이나 성령의 임재와 증거도 느낄 수 없었다. 오히려 경계심이 생겼고, 무언가 잘못되었음을 느꼈다. 그녀가 첫 문장을 끝내기도 전에 나는 그것이 하나님의 말씀이 아님을 알 수 있었다. 그래서 그녀의 말을 끊었다. "그만두십시오." 그녀는 말을 멈추었고, 내 말에 놀란 것 같았다. 나는 부드러우면서도 단호하게 말했다. "당신이 말하는 것은 하나님의 성령이 하시는 말씀이 아니며, 당신의 생각일 뿐입니다."

내가 한 말은 그녀와 나뿐 아니라, 모든 사람을 어색하게 만들었다. 그녀는 곧 자리를 떴다. 그러자 다른 부부들이 나에게 감사를 표했다. 왜냐하면 그녀는 습관적으로 사람들에게 이런 일을 했으며, 아마도 그날도 모인 사람 모두에게 그렇게 했을 것이기 때문이었다. 그녀는 이런 예언으로 그녀의 목회자와 장로들을 조종해 왔다. 목사가 그녀의 통제로부터 벗어나자, 그녀는 교회를 떠나 자신의 교회를 시작했다.

한편, 교회의 지도자가 말씀을 전하는 경우에는 어떻게 해야 할까? 성경은 우리가 장로를 꾸짖어서는 안 된다고 말한다.

내가 처음 사역 여행을 시작했을 때, 그 교회의 담임 목사가 나를 소개했는데, 그때 경고음을 느꼈다. "존, 하나님께서 당신을 위해 말씀을 주셨습니다." 그때 내가 이전에 그 여인에게 맞섰던 것처럼 이분에게 맞섰다면, 질서에 어긋나는 일이 되었을 것이다. 나는 내 마음에 벽을 두른 후, 이렇게 속으로 외쳤다. '나는 이 말을 하나님이 주시는 것으로 받아들이지 않는다. 이 말은 내 마음을 관통하지 못할 것이다.'

그 목사는 말씀을 전하기 위해 내게 걸어왔는데, 잠시 황망한 얼굴로 나를 쳐다보더니 아무 말 없이 되돌아갔다. 다음날 그분이 내게 이렇게 말했다. "지난밤 당신을 위한 말씀이 있었어요. 그런데 막상 당신에게 가서 얼굴을 보는 순간, 사라져 버렸어요. 그래서 무슨 말도 하지 못했습니다." 나는 그분에게 만약 그 말씀이 하나님이 주시는 것이었다면, 그렇게 쉽게 사라지지 않았을 것이라고 말씀드렸다.

갑작스럽고도 강렬한 경고음을 듣지 못하는 경우도 많다. 이런 경우에 나는 주로 속으로는 성령님의 증거를 찾으면서 그 말에 귀를 기울인다. 나는 언제나 속으로 이렇게 기도한다. '성령님, 이것이 당신의 말씀이면 보여 주십시오.' 이때 성령님의 증거를 느끼지 못하면, 나는 다음과 같이 처리한다.

만약 그것이 평안과 번영의 말씀이며, 성령님이 주시는 것이 아니라면 말씀을 전하는 사람에게, 나는 그것이 하나님의 말씀이라고 믿지 않는다고 분명히 이야기한다. 만약 그 사람이 계속해서 그것이 하나님의 말씀이라고 고집하면, 나는 단호하게 그의 말을 받아들이지 않는다고 말한다. 더럽혀지지 않기 위해서 그 말을 거부하는 것이다.

만약 그것이 교정correction의 말씀이라면, 나는 다르게 처리한다. 교정의 타당성은 분별하기가 쉽지 않다. 만약 여러분의 마음속에 조금이라도 자만이 있다면, 그 자만이 성령님의 증거를 억누를 수 있다. 예수님께서 베드로에게 그가 부인할 것에 대한 말씀을 주신 경우가 그렇다. 훈계와 교정에 대해서는 신중하게 고려하고 기도해야 한다.

나는 또한 사람들이 잘못된 동기와 태도를 가지고도 정확한 메시지를 전달할 수 있다는 것을 발견했다. 경고음을 내는 것이 말씀 자체인지 아니면 말씀을 전하는 사람의 동기인지를 시험하는 것은 어렵다. 그러나 그 사람의 말에 진리가 있다면, 나는 그것에 대해 기도하고 하나님이 내 마음에 말씀하시는 것에 대해 마음의 문을 열어 두어야 한다. 예수님은 이렇게 말씀하셨다. "너를 고발하는 자와 함께 길에 있을 때에 급히 사화하라"마 5:25.

당신이 그것에 대해 기도하겠다고 했다면, 그들의 말을 받아들이겠다는 의미는 아니다. 그것은 마음이 하나님의 인도하심에 열려 있다는 뜻일 뿐이다. 이런 말 중에 몇몇은 효과적으로 나를 바로잡아 주었고, 그 결과 내 삶에서는 경건한 겸손과 인격이 형성되었음을 알게 되었다.

예언의 말 뒤에 있는 힘을 깨뜨리기

거짓 예언은 영적인 힘을 수반하는 경우가 아주 많다. 이것을 잘 다루지 않으면, 그 결과 더럽힘과 압박을 받을 수 있다. 나는 첫 선교 여행에서 이 교훈을 배웠다. 그때 나는 담임 목사가 없는 한 교회에서 예배를 다섯 번 인도하게 되었다. 젊은 사람들이 말씀에 크게 영향을 받기 시작했다. 하나님은 그들의 마음을 만지셨고, 무관심과 불손으로 일관하던 그들이 적극 참여하기 시작했다. 세 번째 예배부터 그들은 앞자리를 채우기 시작했다. 많은 장년들 역시 구원을 받고, 회복되었다.

몇 달 후에 나는 다시 그 교회의 설교자로 초대를 받았는데, 이번에는 분위기가 달랐다. 마치 무거운 기운에 둘러싸인 것처럼 느껴졌고, 나는 기도하는 중에도 그것을 떨쳐 낼 수 없었다. 마치 교회와 도시의 모든 짐이 내 어깨를 짓누르는 것 같았는데, 내게는 그것을 감당할 기름 부음이나 권위도 없었다. 나는 하나님께 이렇게 여쭤 보기까지 했다. "제가 순회 사역을 그만두고, 이 교회를 돌보기 원하십니까?" 그러나 아무 응답이 없었다. 짐의 무게가 견딜 수 없을 만큼 나를 짓눌러 왔다. 마침내 한 시간 가까이 씨름한 끝에 나는 이렇게 부르짖었다. "아버지여, 도대체 어떻게 된 것입니까?"

나는 성령님의 잠잠하고 작은 목소리를 들었다. "존, 지도자와 수석 중재자가 네가 이 교회를 맡을 것이라고 기도하고 있다. 하지만 그것은 나의 뜻이 아니다. 그들의 말을 깨뜨리라, 그것은 주술 divination이다."

그때 나는 두 가지 이유 때문에 그 말씀이 하나님의 메시지임을 알 수 있었다. 첫째, 그 말씀은 내가 교회에 도착한 이후 조금도 느낄 수 없던 평안을 처음으로 가져다주었다. 둘째, 나는 이 두 사람이 이런 일을 하고 있다는 것을 자연적인 방법으로는 알 길이 없었다. 하나님은 내가 자연적으로 볼 수 있는 것 그 이상을 보셨고, 그래서 그들의 말을 깨뜨리라고 말씀하신 것이었다.

이사야는 이렇게 말한다.

너를 치려고 제조된 모든 연장이 쓸모가 없을 것이라 일어나 너를 대적하여 송사하는 모든 혀는 네게 정죄를 당하리니 이는 여호와의 종들의 기업이요 이는 그들이 내게서 얻은 공의니라 여호와의 말씀이니라. _이사야 54:17

이런 말에는 영적인 힘이 있다. 나는 즉시 이렇게 기도했다. "아버지여, 저에게 하신 말씀대로, 나의 삶에 대해 당신의 뜻에 맞지 않게 기도한 모든 말들을 깨뜨립니다. 저에게 말씀하신 것과 같이 나는 이 교회의 목회자로 부름받지 않았습니다. 그러므로 나는 이 말들이 나에게 아무런 힘이 없음을 선포합니다." 그리고 나서 사탄의 힘을 대적했다. "나를 억누르는 어둠의 힘에게 선포한다. 나를 대적하기 위해 방출된 모든 사악한 힘을 나의 주 예수 그리스도의 이름으로 깨뜨린다."

그러자 마치 내 안에서 샘이 터진 것 같았다. 조금 전까지만 해도 그렇게 어려웠던 기도가 물밀듯이 터져 나오기 시작했다. 그 이후로 내 기도는 정말 경이로웠다. 그날 밤은 정말 신 나게 예배를 드렸다.

예배가 끝난 후 나는 그 두 사람에게 잠시 만나자고 했다. 이 교회에 와서 목회하기를 기도하는 것에 대해 하나님이 내게 말씀하신 것을 그들에게 전했다. 그들은 놀라면서 그 사실을 시인했다. 그들은 감정에 북받쳐서 이렇게 말했다. "목사님처럼 젊은 사람들에게 감동을 끼친 분은 예전에 없었습니다."

나는 그들의 합리화를 중단하며 이렇게 말했다. "그것은 주술입니다!" 그들은 충격을 받은 것처럼 보였다. 나는 이렇게 말했다. "여러분은 내 삶에 대해서 여러분의 뜻을 이루기 위한 기도를 하고 있습니다. 하나님은 나를 순회하도록 부르셨지만 여러분은 내가 여기에 와서 이 교회를 취하기를 기도하고 있습니다." 그들은 회개했고,

이후에 우리는 좋은 만남을 이어 갈 수 있었다. 할렐루야!

참된 예언은 어떻게 다루어야 하는가

마지막으로, 진정한 예언의 말씀을 어떻게 다루어야 하는지에 대해서 알아보자. 이에 대한 가장 좋은 예는 예수님의 어머니, 마리아의 이야기이다. 천사 가브리엘을 통해, 성령에 의해서 메시아를 수태할 것이라는 예언의 말씀을 들었을 때, 마리아는 단지 이렇게 대답했다.

"주의 여종이오니 말씀대로 내게 이루어지이다" 눅 1:38.

그녀는 가서 친구들에게 말하지 않았다. 대신 "이 모든 말을 마음에 새기어 생각[했다]" 눅 2:19.

그녀는 심지어 정혼자인 요셉에게도 말하지 않았다. 성경은 다음과 같이 말한다.

> 예수 그리스도의 나심은 이러하니라 그의 어머니 마리아가 요셉과 약혼하고 동거하기 전에 성령으로 잉태된 것이 나타났더니 그의 남편 요셉은 의로운 사람이라 그를 드러내지 아니하고 가만히 끊고자 하여 이 일을 생각할 때에 주의 사자가 현몽하여 이르되 다윗의 자손 요셉아 네 아내 마리아 데려오기를 무서워하지 말라 그에게 잉태된 자는 성령으로 된 것이라. _마태복음 1:18-20

천사는 요셉에게 마리아가 부정을 저지른 것이 아니라고 대신해서 말해야 했다. 우리 중에 마리아처럼 말하지 않을 수 있는 사람이 있을까? 우리 문화는 잠잠히 기다리며 하나님이 일하시게 하는 것과는 한참 거리가 멀다. 우리는 "만약 뭔가가 없으면, 그것을 취할 방법을 부지런히 찾아봐!"라고 부추기는 문화에서 살고 있다. 그래서 그것을 살 돈이 없으면 신용 카드를 긁는다. 병이 들면 기도하는 대신 병원에 간다. 보험이 있으니까. 하나님이 어떤 약속을 주셨다면, 그것을 향해 돌진하고 사람들에게 떠들어라. 선포하라. 약간의 조작과 통제를 통해서라도. 그렇게 하면 우리는 그것을 취할 수 있다. 그리고 나서 우리는 하나님께서 그분의 약속을 우리에게 이루어 주셨다고 주장한다. 그러나 실상은 우리가 또 다른 이스마엘을 낳은 것뿐이다!

만약 하나님께서 약속하셨다면, 그분께서 여러분의 삶에서 무언가를 하실 것이다. 그분이 하시게 하라.

지혜로운 한 친구가 예전에 나에게 이렇게 말한 적이 있다. "하나님을 난처하게 만들라. 그분은 그것을 좋아하신다." 나는 그의 말을 결코 잊은 적이 없다. 나는 일이 더 어려워질수록, 그분께서 더 많은 영광을 받으신다는 것을 깨닫게 되었다. 우리는 그분께서 구체적으로 명확하게 하라고 하신 일만 하면 되는 것이다. 그 나머지 시간은 믿고, 기도하며, 영적으로 거스르는 힘과 싸우고, 하나님께서 이루어 주심을 감사하면 된다.

만약 하나님이 세계적인 교회를 세우실 어느 도시로 가라고 하시면, 우리가 할 일은 그 도시에 가서, 기도하고 전파하는 것이다. 만약 하나님의 말씀을 거스르는 어려움이 닥치면, 우리는 기도와 순종으로 그것을 다루면 된다. 그러나 우리가 스스로 약속의 예언을 성취하려고 해서는 안 된다.

하나님이 약속을 성취하시면, 그것은 우리에게 생명의 나무가 된다. 솔로몬은 이렇게 말한다. "의인의 열매는 생명나무라"잠 11:30. 또 이렇게 말한다. "소원이 이루어지는 것은 곧 생명나무니라"잠 13:12. 하나님을 기다리며, 그분께서 약속을 이루어 주실 것을 인내하는 사람이 이기는 사람이다.

예수님은 이렇게 말씀하신다. "이기는 그에게는 내가 하나님의 낙원에 있는 생명나무의 열매를 주어 먹게 하리라"계 2:7. 기도와 순종과 감사를 통해 그분을 기다리는 일은 진정 가치 있는 일이다.

| 에필로그 |

결론을 맺기 전에, 나는 이 책의 서두에서 나누었던 두 가지 요점을 다시 언급하고 싶다.

첫째, 예언의 직분은 오늘날 사역에서 필수적이며 매우 중요하다. 하나님이 여전히 선지자를 보내신다는 것을 믿지 않는 사람들은 교회에 대한 예수님의 사역에서 매우 중요한 요소를 놓치고 있는 것이다. 성경은 우리가 하나님의 아들을 믿는 것과 아는 일에 하나가 되어 온전한 사람을 이루어 그리스도의 장성한 분량이 충만한 데까지 이를 수 있도록, 하나님이 교회에 선지자를 보내신다고 하신다 엡 4:11-13.

둘째, 예언을 멸시하지 말라고 말씀하신다 살전 5:20. 사실, 바울은 교회에 이렇게 말했다. "사랑을 추구하며 신령한 것들을 사모하되 특별히 예언을 하려고 하라"고전 14:1. 참된 예언은 그리스도의 몸 된 교회에 주신 가장 큰 은사 중 하나이기 때문이다. 만약 우리가 가장 중요한 것, 즉 모든 것보다 하나님의 영광을 먼저 추구하면 우리의 예언은 순결해질 것이다.

이 책의 메시지는 결코 참된 예언을 그치게 하려는 것이 아니라, 깨어서 '예언 말씀'을 시험해 보라는 데 있다. 왜냐하면 오늘날 말과 글을 통해 쏟아져 나오는 예언 중 많은 경우가 성령께서 주시는 것이 아니기 때문이다. 이런 말들을 판단한다고 해서 참된 예언을 멸시하는 것은 아니다. 이 책의 3, 4, 6장을 다시 읽어 보았으면 한다. 그리고 하나님께서 신약 성경의 선지자와 그들의 예언에 대해서 하시는 말씀을 부지런히 검토하기 바란다. 참된 예언을 이해하게 되면, 거짓 예언을 훨씬 더 잘 식별하게 될 것이다.

바울은 믿는 자들에게 어그러진 길로 인도하는 거짓 사역을 주의하라고 반복해서 경고한다. 에베소 교회의 장로들에게는 삼 년 동안 밤낮으로 간청하기도 했다. 그에 비하면 이 책은 시작에 불과하다.

결론을 맺으면서, 나는 지도자의 위치에 있는 분들에게 먼저 호소한다. 성령님께서 당신에게 맡기신 자들에게 필요한 경고의 말씀을 더 이상 지체하지 말라. 하나님의 아들의 보배로운 피로 값 주고 사신 하나님의 교회를 돌보라. 많은 이들이 바른 교훈을 받지 아니하는 때가 벌써 도래했다. 탐욕스러운 마음과 가려운 귀 때문에 그들은 자기의 사욕을 만족시키는 '복음'을 전하는 자들을 찾을 것이다. 하나님께서 교회에게 베푸시는 엘리야의 사역을 교회 지도자들이 받아들이고 실행할 때까지, 이런 현상은 그치지 않을 것이며 점점 더 퍼져 나갈 것이다. 우리는 교훈에만 매달릴 것이 아니라 주님의 바르게 하심과 경고에도 주의를 기울여야만 한다. 하나님께 대한 경외심과 그분의 백성을 향한 사랑으로, 담대하게 진리를 선포하라!

교회 안에 있는 모든 사람에게 고한다. 선지자 예레미야를 통한 하나님의 절규에 귀를 기울이라. 이 말씀은 분명히 오늘날에도 적용된다.

이 땅에 무섭고 놀라운 일이 있도다 선지자들은 거짓을 예언하며 제사장들은 자기 권력으로 다스리며 내 백성은 그것을 좋게 여기니 마지막에는 너희가 어찌하려느냐. _예레미야 5:30-31

교회 안에서 선지자들이 거짓 예언을 하고, 지도자들은 자기 권력으로 교회를 다스린다. 하나님은 그것을 무섭고 놀라운 일이라고 말씀하신다. 이 두 가지 문제에 대해서는 이미 이전 장에서 언급했다. 그러나 내 마음을 찌르는 것은 그다음에 나오는 말이다. 하나님은 이렇게 말씀하신다. "내 백성은 그것을 좋게 여기니."

나는 거짓 예언이 횡행하는 책임이 거짓 예언을 받아들인 우리에게 있다고 믿는다. 우리는 스스로 자문해야 한다.

왜 우리는 자신의 육욕과 욕망을 자극하는 거짓 사역에 무대를 허락했는가? 우리는 진리보다 편안함을 더 갈망하는가? 거룩함보다 번영을 더 사모하는가? 경건보다 기름 부음과 능력을 더 바라는가? 편안한 삶을 살고자 하는 욕망이 잃어버린 영혼을 그리스도께 인도하려는 갈망을 억눌러 버리도록 그대로 두었는가? 겨우 이런 이유 때문에 거짓 예언과 아첨하는 말을 받아들이고, 때때로 그들의 뇌물에 팔렸던 것인가?

하나님께서 참으로부터 거짓을 분리하실 날이 분명히 이를 것이다. 아브라함의 경우에, 약속의 아들이 육체의 아들을 대신했던 것처럼 말이다. 그날에는 약속에 대한 예언의 목소리가 제자리를 찾게 될 것이다. 그때까지 우리는 다음의 말씀을 반드시 뼛속 깊이 새겨야 한다.

형제들아 내가 너희를 권하노니 너희가 배운 교훈을 거슬러 분쟁을 일으키거나 거치게 하는 자들을 살피고 그들에게서 떠나라 이 같은 자들은 우리 주 그리스도를 섬기지 아니하고 다만 자기들의 배만 섬기나니 교활한 말과 아첨하는 말로 순진한 자들의 마음을 미혹하느니라. _로마서 16:17-18

예언 사역으로 부르심을 받았지만, 오늘날의 유행을 좇아 잘못된 길로 빠진 이들에게 고한다. 하나님께서 당신들에게 이렇게 엄중하게 말씀하신다.

네가 만일 돌아오면 내가 너를 다시 이끌어 내 앞에 세울 것이며 네가 만일 헛된 것을 버리고 귀한 것을 말한다면 너는 나의 입이 될 것이라 그들은 네게로 돌아오려니와 너는 그들에게로 돌아가지 말지니라. _예레미야 15:19

하나님의 사람은 말이 아니라 삶으로 판명된다. 그의 메시지는 그의 사람됨보다 크지 않다. 우리가 하나님을 기쁘시게 하는 것보다 자신이나 사람들을 기쁘게 하려고 할 때, 우리는 복술의 위험에 빠지게 되고 거짓 선지자가 되고 마는 것이다. 우리가 악을 제거하면 하나님은 우리를 그분의 대변자로 만드신다. 이러한 악을 분리시키는 확실한 방법은 오직 하나, 바로 주님을 경외하는 것이다.

여호와를 경외함으로 말미암아 악에서 떠나게 되느니라. _잠언 16:6

우리가 하나님을 경외할 때, 사람의 욕망을 좇지 않을 것이다. 나는 많은 사람들이 한마음과 한목소리로 그것의 회복을 위해 부르짖을 것이라고 믿는다. 우리는 하나님의 백성이다. 온 땅에서 하나님의 영광을 나타내기 위해 그분의 이름으로 부름을 받은 사람들이다. 할렐루야!

이 책을 마무리하면서 오늘 아침에 주님께서 내 마음속에 들려주신 말씀을 마지막으로 여러분께 인사를 드리고자 한다.

내가 여호와께 바라는 한 가지 일 그것을 구하리니 곧 내가 내 평생에 여호와의 집에 살면서 여호와의 아름다움을 바라보며 그의 성전에서 사모하는 그것이라. _시편 27:4

이것이 언제나 우리의 가장 깊고도 강렬한 열망이기를 기도한다.

thus saith the lord

존 비비어의 음성

초판 1쇄 발행 2012년 10월 19일
초판 6쇄 발행 2016년 10월 14일
개정1판 1쇄 인쇄 2022년 8월 5일
개정1판 1쇄 발행 2022년 8월 15일

지은이 존 비비어
옮긴이 서경의

펴낸이 김태희
펴낸곳 터치북스

출판등록 2017년 8월 21일(제 2020-000174호)
주소 경기도 고양시 덕양구 통일로 800, 2층(관산동)
전화 031-963-5664 **팩스** 031-962-5664
이메일 1262531@hanmail.net

ISBN 979-11-85098-47-0

책값은 표지에 있습니다.
잘못 만들어진 책은 구입한 곳에서 바꿔 드립니다.